與孩子一起經營的家庭關係

family relations

從心創造一個幸福美滿家庭

著

深度的心靈對談，做一個傾聽者，加深與孩子的連結

以細膩的敘述，展現真摯而深刻的親子關係

深入剖析父母與孩子之間的連結

以生活化的文字引領父母成長，進而激發孩子的潛能

有原則的愛才是培養孩子好習慣的根本

藉由傾聽，走進彼此的內心世界

目錄

目錄

推薦序（一）

父母的使命與智慧：教育孩子

與玉堂結識於某書院。國學的教育，最先醒悟的一群人是有責任感的教育者和現實中遇到諸多問題的企業家。其他很多人還在錯誤中堅持，在尋找中徘徊，自己的痛苦還在持續，錯誤的行動還在延續。也許，成年人自己書讀不夠所帶來的問題只能自己承受。但讓人痛心不已的是，那些處在成長中的孩子們，因為成年人自己不讀書、不醒悟，而讓孩子們受到了諸多的傷害，每每遇到，總是讓人痛心不已。

很多成年人都在追求著自己的成功，但對於把孩子培養成了什麼樣的人這樣重要的問題，很多家長卻沒有用心思考過。實際上，孩子就是成年人的未來。如果忽視了這一點，讓孩子的成長出現了某種問題，僅此一項，就足可以讓成年人的一切成就變得毫無意義。

現在的問題是：大部分家長不是孩子教育方面的專家，卻又經常在教育孩子。如果父母錯了，孩子就會被引領到錯誤的方向上，真是讓人不寒而慄！

教育，是人類生活中最重要的活動，也是事關每個家庭和孩子未來的重要工作。玉堂矢志不移地追求自己心中的教育理想，讓我十分感動。為他的偉大追求助力，也是我的榮幸，也希望玉堂所從事的教育能夠造福千千萬萬個家庭和孩子，這就是值得我們每個人去重視的偉大事業！

下面，結合我自己幾十年從事教育的經驗教訓和學習所得，將孩子教育中一些重要問題的感悟與大家做一個分享，也算是對玉堂所追求的教育事業的一份助力！

(1) 成年人的共識與默契

對孩子的教育需要家庭全體成員的協調與默契，對於孩子成長最大的危害往往就來自於家庭成員之間完全不同的做法，有人溺愛，有人嬌慣，有人嚴厲和粗暴，這一切同時存在時就會讓孩子的生命出現迷茫。如果明白了這一點，成年人之間就要進行討論達成共識，不能因為成年人的觀點做法不同而在孩子教育上出現衝突。夫妻之間、祖輩之間，我們在孩子的教育上根據哪些問題達成了共識，並且在自己的行動上在認真地踐行呢？如果這個問題解決不了，就談不上對孩子的教育，甚至可能對孩子產生傷害。因為成年人自己的愚昧而讓孩子在人生中產生了不知所措的迷茫，就是一種罪過。

(2) 成年人的自我教育

孩子的教育從什麼時候開始呢？有人認為是從早教開始，有的人認為應該從胎教開始。實際上，對孩子的教育應該從成年人的自我教育開始，應該在沒有生孩子之前來完成我們成年人對自己的教育，這是我們對於孩子進行教育的最必要的前期儲備。若是缺乏了這樣一個良好的前期儲備，在沒有良好自我狀態的時候生了孩子，在沒有必要的儲備的情況下就開始對孩子進行教育，孩子就會成為成年人愚昧無知狀態下所進行的一場悲慘實驗的「白老鼠」。你們家是在做教育？還是養老鼠？

(3) 氛圍薰陶是教育孩子的根底

生育孩子需要有一個良好的身體和良好的精神狀態，也需要有一個良好的家庭氛圍。當準備好了這一切的時候就可以考慮生孩子，讓孩子在來到這個世界之前就能夠沐浴著一種溫馨、友善、樂觀、美好的和諧氛圍中。在孩子沒有出生之前，父母的所作所為都會對孩子產生先天的影響。對此，父母應該有一種清楚的認知，那就是自己的所作所為都會傳遞給還沒有出生的那個小生命。明白了這樣一個道理，我們當然就知道我們應該想什麼，應該說什麼，應該做什麼，這一切作為就是給未來的孩子最好的禮物，應該認真持續地做下去。由此可見，沒有成年人的自我優化、自我教育和自我成長的過程，就談不上胎教。如果父母在這個階段沒有完成自己自我的教育，就會成為孩子出生後先天的虧欠，就會成為後續人生中一些災難性的根源。

(4) 成長，就是智慧地面對現實

隨著孩子的長大，孩子就會接觸到社會中的各式各樣的人和物，即使是最美好的環境當中也會有一些不良的東西的存在，這並沒有什麼可怕的。相反，若是一直讓孩子待在一個沒有任何問題的環境中，孩子的成長反而會出現更大的問題。成年人要懂得這樣一個道理：真實的現實，就是孩子成長和成熟的最重要的現實營養，關鍵是孩子在用什麼樣的方式看待在現實中所遇到的各種人和事。當然，年幼的孩子還沒有足夠正確和智慧的能力來進行分別和判斷，這就需要父母的引領。如果父母能夠做孩子的朋友，那麼就能夠跟孩子一起來討論他所遇到的各種人和事。如果父母是智慧的，那麼他對孩子的引導就是正向的和具有智慧高度的。否則，就可能藉著孩子遇到的事情把孩子引向錯誤的方向。

(5) 對孩子訓斥與責罰是愚蠢的教育

孩子因為無知或者年幼而犯的錯誤，不應該受到責罰、訓斥和打罵，因為每一個人的成長都是在犯錯中進行了解和提升的，關鍵的是在這樣的時刻，孩子周圍的成年人是否能夠心平氣和地幫助孩子認識問題產生的原因，並教會孩子不再犯的方法。若是沒有這樣一個循循善誘、方法得當的過程，被訓斥的孩子只會心生恐懼，卻不能因為犯錯而得到進步與成長，這樣的訓斥就不能算是教育，而應該是一種對孩子所進行的「疊加傷害」。

(6) 幫助孩子立志是教育的關鍵

在孩子的成長中，除了針對現實生活的分析和引導之外，最重要的力量就是要讓孩子能夠早立志、立大志，立志就是讓孩子早一點懂得未來要做什麼樣的人，只有做人的目標明確，孩子的成長才會擁有強勁的牽引力。在立志這個問題上，最核心的一個要素就是要讓孩子找到歷史和現實中自己的偶像（必須是正面的、有高度的），因為只有具體的才可以進行更加有效的模仿與學習，因為在孩子學習當中最核心的方式就是模仿。若是孩子沒有立志，那麼孩子就會被現實中瑣碎的事情所纏繞，這種纏繞的過程會在他成年後伴隨他很多年。實際上，成年人的很多問題就是因為在童年的時候沒有立志，所以才會被具體的瑣事和人間的俗情小利所糾纏。既然這是我們成年人的教訓，就不應該再將這種教訓複製在孩子身上，這是每一個成年人對孩子的基本責任。

(7) 讓孩子書寫自己的故事

對孩子的教育是透過一件件具體的事來完成的，所以在孩子遇到一些事情高興或者苦惱時，成年人，包括父母長輩和老師，是否能夠耐心地跟孩子一起來分析他自己的這個故事，透過這樣一個個的故事讓他意識到事物的規律、別人的需求和自己存在的失誤與錯誤，並手把手地教會他正確的做法，這是教育當中最最基本的過程。如果成年人沒有耐心幫助孩子來完成這樣一個過程，一個孩子在他的成長中就會只有一系列的事件和遭遇，而沒有透過這些事件和遭遇得到的成長，這就是一個被浪費了的童年。一個合格或者優秀的父母，能夠讓自己的孩子擁有自己很多美妙的童年故事，這每一個故事都是孩子成長的一個階梯，也是孩子可以觀察自己成長的一個個的鮮活案例。

(8) 成年人不比孩子聰明

成年人，擁有比孩子多的經驗和知識。雖然經驗和知識對於孩子未來的生活都很重要，但更要清楚地知道，孩子都是有靈性的，僅僅用一些世俗的知識和經驗來充填孩子的心靈，可能會阻礙孩子高級的成長。因此，最保險的辦法就是成年人首先對自己的有限理性有一個清楚的認知，不要一味去培養一個聽話的孩子，而是要培養一個會進行自主、正面和高級思考的孩子。只要父母沒有教育出一個比自己更加優秀的孩子，教育就是失敗的，這是衡量父母教育的一個核心的標準。

(9) 為孩子安裝高級生命程式

生命只是一個載體，生命的本質在於這個載體上安裝了什麼樣的精神程式。毫無疑問，經過歷時幾千年、無數人用生命換來和檢驗過的人類文明，是人間最高級的文明智慧程式。若只是限於科學知識和生活經驗，而沒有讓孩子親近聖人、偉人和英雄，那麼孩子生命中裝載的就是一些普普通通的或者作為一個普通人的那樣的程式。只是擁有這種普通程式的孩子，在成年之後想要變得優秀和卓越就會非常的困難。所以，用聖賢、偉人和英雄的智慧武裝孩子的靈魂，既是傳承民族文化血脈的需要，也是每個家庭、每個父母、每個孩子健康成長的重要的路徑和營養。若是沒有意識到這一點，只是滿足於孩子上學的時候考個高分或者求助於某些神奇的大腦開發，那麼就可能讓孩子的生命走偏。

(10) 生命成長的營養平衡

你是想培養一個什麼樣的孩子呢？我們不僅僅是要培養一個學識淵博的孩子，還需要培養孩子擁有健康的、超越一般人的體魄和心智。聖人孔子提出一個君子的標準，就是要做到「文質彬彬」，也就是「文」與「質」這兩個方面要有一個很好的配比，如果這個配比出現了問題，要麼就會因為學習知識多了而變得迂腐，要麼就會因為缺乏相應的知識而變得粗野。當然，任何一個優秀的生命，要想做出一份偉大的事業，都需要健康的體魄、開放的心胸、堅強的意志和持續不斷的學習與自我突破的能力。要完成這樣的一個過程，每一個家長就要終生做學生，在生活中要做一個修行者，在自己的心靈和精神上要成為一個信仰者。這是家長自我教育和教育好孩子的重要基礎和前提。

商學院博士生導師，知名國學教育專家　齊善鴻

推薦序（二）

我是一個有 34 年教育經歷的實踐者，在看到諸葛玉堂老師親筆寫的這本書後，讓我有一種不吐不快的欲望。

家庭教育在沒有父母考到證照的現實面前，更多的是「頭痛醫頭、腳痛醫腳」的滅火隊員式的狀況，父母平常學習的那些所謂的教育孩子的方法，都是以達到教育、駕馭、控制孩子為目的，把孩子培養成父母預設的樣子。但我想提醒的是，父母在「望子成龍」、「望女成鳳」之時，常常忽略了自己該反省什麼？父母身為孩子的啟蒙老師，也是不能失業的終身老師，究竟該怎麼教育孩子，才能讓孩子健康地成長呢？——這，才是父母要反省、反思的問題。

父母如何教育孩子，在父母輸不起的心態下、在我們這代人吃盡了苦頭不能再讓孩子吃苦了、在再窮不能窮孩子再苦不能苦教育、在不能讓孩子輸在起跑線上等觀念的指導下，父母們拋棄了父輩家庭教育的做法，開始教育自己的孩子。鮮有針對孩子的個性愛好的發展規劃、鮮有對孩子該如何成長的深度思考、鮮有對孩子使命的激發、鮮有對孩子的信任和尊重、鮮有對父輩家庭建設中對孩子影響的深度思考，有的是讓孩子享福、替孩子著想、替孩子做事、替孩子解決問題……

推薦序（二）

這樣教育出的孩子就是當下的現實中的孩子，也是在社會大背景下形成的社會現實：沒有安全感 —— 不敢救死扶傷、沒有底線 —— 食品做假太瘋狂、沒有社會責任感 —— 事不關己高高掛起……

家庭是社會的細胞，家庭教育出了問題，社會就會出現問題。反過來，社會出了問題，也一定是家庭先有了問題。

因此，想要教育好孩子，先要建設好家庭，從自己開始孝敬長輩，整齊門風。家庭對孩子有著潛移默化的影響，父母自己是孩子的鏡子，父母自身的成長尤為重要。

諸葛玉堂老師原創的這本教育孩子的書，於故事之中娓娓道出家教之道，於細微之處悟出家教之術。字裡行間透露出對孩子之愛心、對父母之道義、對社會之責任。用讀者喜聞樂見的表達方式闡述了家教之道，是難得的手邊書。

相信親愛的讀者，您一定在這裡收穫至寶。

國敬華於仲夏

推薦序（三）

初識諸葛玉堂老師，是在他講的「生命覺醒」的課堂上。

說實話，在聽諸葛玉堂老師的課前，我曾經猶豫不決，因為我本人從事教育工作多年，而且多次舉辦親子教育培訓班，也幫助過不少父母解開教子的困惑。但當我翻看了諸葛玉堂老師的社交平臺後，被他所發的文字感動，他說的最多的兩個字就是「感恩」。我和他在網路上有過幾次溝通，他謙抑的為人和處處感恩的心態，令我感覺到他是一個與眾不同的教育者。所以，我決定去聽他的課。

當諸葛玉堂老師走上講臺，用帶有溫度的聲音開口講話時，我立刻被吸引了。

諸葛玉堂老師講了這樣一個故事：

一位處在青春期的孩子膽小自卑，害怕在超過兩個人的場合講話，更不敢跟人交往。父母認為他心理有問題，就帶他去看心理醫生。

醫生耐心地聽了孩子的「病情」後，他輕輕地握住孩子的手，親切地說：「恭喜你，有這麼好的優點。」

孩子一驚：「你的意思是，膽小是人的優點，那麼勇敢卻成為人的缺點了？」

推薦序（三）

醫生微微一笑，說：「不，勇敢是優點。而你膽小是因為謹慎小心，說明你做事牢靠，不容易出差錯。但因為勇敢會影響其他人，所以，人們更重視它。這就好比黃金和白銀，人們更重視黃金。」

見孩子依然一臉困惑。醫生問道：「你喜歡囉嗦、嘮叨的人嗎？」

孩子搖搖頭。醫生溫和地說：「如果你看過巴爾札克（Honoré de Balzac）寫的小說，就會覺得這位大作家其實既嘮叨又囉嗦的，他在寫一個小細節時，會婆婆媽媽地講半頁紙。可是，這正是他作品的特點，我們能說這是他的弱點嗎？」

孩子天真地笑了，搖了搖頭。

醫生又問：「你是不是討厭醉鬼？」

孩子點點頭：「很討厭。」

醫生說：「可唐朝大詩人李白就是大酒鬼——」

孩子急忙打斷醫生：「不對，李白是愛喝酒的大詩人，他很多名詩都是酒後寫的呢。」

醫生讚道：「你說得很對。弱點在不同的人身上，會呈現不同的色彩：有的酒鬼就是一個酒鬼，喝醉了害人害己；但李白卻是棲身於酒中的詩仙。」

見孩子連連點頭，醫生接著說：「我覺得所謂人的弱點，其實就是一個營養不良的優點。比如，假如你是一個隨時要上戰場的戰士，那麼膽小就是弱點；但若你是一個司機、一個治病救人的醫生，那麼膽小謹慎就是可貴的優點。所以，你與其想辦法克服它，不如想辦法增加自己的學識、才幹，當你擁有足夠的見識、高遠的眼界和寬闊的胸懷時，即使你想當一個膽小的懦夫，都很困難。」

孩子聽後開心地笑著點了點頭。

諸葛玉堂老師總結說：「天底下沒有完美的孩子，但更沒有一無是處的孩子。只要父母用一雙發現的眼睛去觀察孩子，就會發現，你的孩子身上有很多潛力值得開發。他或許不能成為完美的人，但他一定會成為具有自己特性的孩子。」

在那堂課上，諸葛玉堂老師不但列舉了他教育孩子的小故事，還讓學員上臺分享他們教育孩子的心得……他多次強調：「我們對孩子最好的教育是先讓自己醒悟，用一份清醒的愛來愛孩子。孩子是一棵幼苗，是一張白紙，更是一個獨一無二的生命個體，他的思想和個性從他出生的第一天起就屬於他。孩子能否擁有快樂的人生，取決於父母在尊重孩子的基礎上，對他進行正確的引導。」

可以說，聽諸葛玉堂老師的「生命覺醒」的課程，能讓我們真正地感覺到教育其實很簡單。

這堂課之後，我和諸葛玉堂老師成為朋友。我們經常在網

推薦序（三）

路或是電話中探討教育的問題。我得知他在寫一本關於教育的書時，非常興奮，主動提出先讀為快。於是我便有幸成為第一個讀他手稿的讀者。

讀完後，我激動不已。文如其人，用在諸葛老師的身上，真是再恰當不過了。他的文字，跟他本人一樣，帶著讓人舒服的溫度，像春天黃昏的風一樣，柔柔地吹進我們心間，輕拂著我們心底最柔軟的那一部分。

在書中，諸葛玉堂老師將實用性強的觀點揉碎後融入到真實的故事中，他在剖析教育觀點時，引用了古今中外的經典而又生動的案例，讓讀者朋友在享受故事的同時學到教子經驗。

相信此書問世後，一定不會辜負各位讀者朋友的。我一味地說書好，你可能會懷疑我有誇大之嫌。現在網路上流行一句話叫：空口無憑，有圖才有真相 —— 你只有買一本諸葛玉堂老師的書，細細讀、認真品，將會讓你獲益匪淺！

王芳

第 *1* 章

爲人父母的覺醒之旅

先成為優秀的自己，才能當優秀的父母

我女兒七歲時，有一次，我送她到離家附近的一個國學班補習。期間，有一位帶著孩子的母親向我走來，問道：「請問您是諸葛老師嗎？」見我點頭，她又指著我身旁的女兒問：「她是您女兒嗎？」

我並不認識她，仍然禮貌地點頭。這位母親驚喜地說：「諸葛老師，難怪您女兒的功課好，原來她有您這個當教育專家的爸爸啊。我早就想聽您的課，可一直沒有機會。我聽說您舉辦的「生命覺醒」的課程，是針對父母的，那些聽了您課的父母，後來都教出了優秀的孩子……」

這位母親在跟我說話時，她旁邊的兒子用手拉拉她的衣角，想說話，卻被她訓斥：「你這孩子就是不懂事，沒看到大人在說話嗎？」說著她一指我女兒，「你看人家不但成績好，國學學得也比你好。這幾年，我不工作，還不是為了你，你報名英文、奧林匹克數學、鋼琴這麼多課，不都是我專程接送你？你怎麼就不知道感恩呢？」

孩子被母親當眾批評，感到沒面子，就生氣地轉身跑開。她見狀連忙去追，邊追邊罵著孩子。

以上例子中這位母親對待孩子的場景，相信很多人都不陌生，幾乎是比比皆是。甚至於連我們自己，在孩子面前扮演著

同樣的角色。在我們眼裡，孩子一旦有令我們不滿意的舉止行為，我們總數落不止，接著抱怨為孩子做出的犧牲太多，讓孩子對我們唯恐避之不及。時間長了，會導致親子關係越來越差。

父母是孩子的一面鏡子。孩子身上出現的各種問題，其實都是我們大人自己的問題。我們要想讓孩子變得優秀，首先我們得成為優秀的父母。而要想成為優秀的父母，我們必須先成為優秀的自己。

縱觀中外那些優秀的人士，他們之所以能夠成功，就是因為他們有一對優秀的父母。

比爾蓋茲成為世界知名人士後，很多人在驚嘆他的成功時，都在想：「是什麼樣的父母培養出這樣一個優秀的孩子的？他們有什麼祕訣嗎？」

面對人們這個問題，比爾蓋茲父親用一句話給予了回答：「我一直奉行的教育理念，就是引導蓋茲的天賦，給他自由成長的空間。」

比爾蓋茲出生在美國一個中產階級家庭，父親是律師，母親是美國聯合慈善總會的主席之一。比爾蓋茲童年大部分時間是與書和母親相伴度過的。

父母認為，孩子在學前教育中，培養閱讀興趣是非常重要的。於是，在母親的影響下，他喜歡上了閱讀。最喜歡讀《世界百科全書》（*The World Book Encyclopedia*）。為了滿足他的閱讀量，父親購買了大量的書籍。

為了培養孩子的合作和競爭能力，父母會在大規模的家庭聚會中，跟孩子做著兩人三腳、雞蛋和勺子競賽等遊戲。

「這些活動使孩子們能夠從一個延伸型的大家庭中感受並理解關愛。我相信這些是幫助他們取得成功的要素。」蓋茲的父親說。

小蓋茲 11 歲時處在叛逆期，有時會跟母親發生衝突。最嚴重的一次衝突是在餐桌上爆發的，當時，他對著母親大喊大叫，總是做調停人的老蓋茲將一杯水潑到兒子臉上。隨後，他們將兒子帶進了心理諮商所。

對於這段經歷，比爾蓋茲回憶：「醫生說和父母作對毫無益處，父母做什麼都是為我好。我竟然因此改變了想法。」醫生同時也開導蓋茲夫婦，他們應該給兒子更大的自由。

這次心理諮商讓夫婦兩人下定決心幫兒子轉學。他們把小蓋茲送到西雅圖收費最高的私立學校之一 —— 湖濱學校，這裡正是以自由聞名。學校裡的各種協會和興趣班讓孩子們得以發揮自己的特長和愛好。小蓋茲很喜歡這裡的氣氛，覺得大人們不會裝模作樣。小蓋茲與父母的關係慢慢緩和起來。

老蓋茲夫婦像許多望子成龍的父母一樣，開始幫兒子規劃未來 —— 進入哈佛法學院，成為律師。1973 年，比爾蓋茲以優異的成績被哈佛大學法學院錄取。讓父母沒有想到的是，喜歡

電腦的比爾蓋茲在大二時向父母宣布，要從哈佛輟學，然後到新墨西哥州的阿布奎基創辦微軟公司。

那時，大學生休學一段時間去出社會在美國是很普遍的現象。所以，父母儘管不同意，但是為了尊重孩子的意願，仍然答應了。這樣才有了今天的比爾蓋茲。

應該說，蓋茲父母的教育是成功的。他們教育的精髓，滲透著西方文化崇尚自由和個性的精神，這恰恰是我們東方文化經常欠缺的一點。

雖然東方和西方的文化各有不同，但是基本教育理念卻是相通的。每個孩子都有自己的天分和長處，相對國外這種教育方式，東方大多父母的教育則是打著「愛孩子、為孩子好」的旗幟，來壓抑孩子天賦。

在我們周圍，大多是望子成龍、望女成鳳者。他們因為自己不優秀，就想讓孩子代替自己出人頭地。於是，想盡一切辦法「逼」孩子學習、學習、再學習。當孩子背上父母的諸多期望和夢想時，他們就像遊戲裡的那隻蝸牛和童年裡的歌謠一樣，揹著重重的殼，一步一步地朝著父母夢想的方向爬去。長期負重的學業，讓孩子臉上出現與年齡不相稱的憂愁和痛苦，輕則讓他們變成讀書機器，感覺不到生活的快樂，重則產生厭學情緒，甚至出現離家出走等極端方式。

相信做了父母的人都有過這樣的經歷：在孩子剛出生時，

我們懷著為人父母的喜悅，在為孩子規劃未來生活時，更多的是希望他能過得開心、幸福！然而，隨著孩子的長大，父母會改變初衷，出現各種比較心態。如圖 1-1：

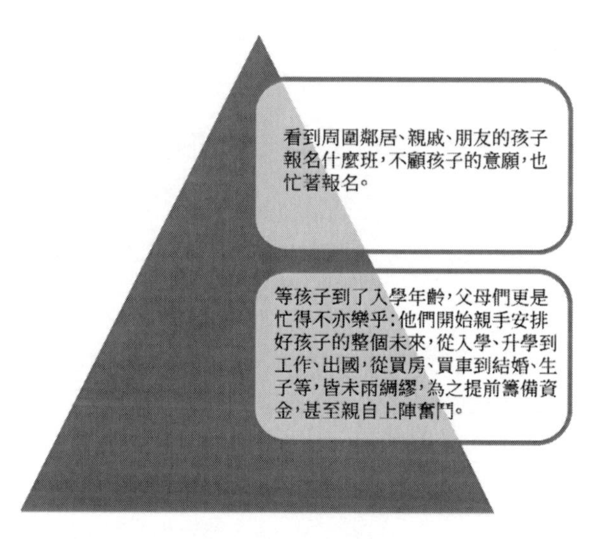

圖 1-1

在父母看來，他們覺得只有親眼看到孩子過上了他們心中所幻想的「好」日子，他們才算是盡到了責任，才算是成功，才稱得上是優秀孩子的優秀父母。

有一年，我舉辦「生命覺醒」的課程時，有不少父母對我說：

「諸葛老師，我最大的心願，就是讓兒子進入名校讀大學。」

「諸葛老師，我們夫婦兩個沒什麼文化素養，之所以這麼拚命賺錢，就是想讓孩子接受最好的教育，如果有機會，送他去國外留學，將來做一份體面的工作。」……

我看著這些焦慮的父母們，問道：

「你們為孩子規劃的這些未來，徵求過孩子的意見嗎？」

「我們這麼做還不是為了他好，他怎麼會不同意呢。」

父母們幾乎是異口同聲地回答。

我提醒道：「孩子的未來如何，我們誰也決定不了。他的未來，三分之一靠他的努力，三分之一靠天賜的機會，三分之一靠父母的正確教育。努力和機會，父母決定不了，只有正確的教育，值得父母花費心思，所以，你們要做的是讓他們有一個強大的心理。只有心理強大了，才能讓孩子在變幻莫測的人生道路上，具備承受苦難、爭取幸福的能力。沒有強大的心理素養，你們為他鋪好再多的路，都會變成死路。」

他們聽完後，沉默了。

我一直堅信，父母只有先成為優秀的自己，才能做優秀的父母。凡是優秀的父母，給孩子的教育都是最適合的教育，即對孩子進行「因材施教」。這就要求父母要做到以下幾點，見表1-2：

表 1-2

1 了解孩子的特點	0-6 歲是孩子的印記時期，這個時期的孩子需要父母陪伴、肯定和鼓勵，他們才會建立自信，學會獨立和承擔責任。 7 歲以後，孩子的性格定型了，父母了解孩子屬於哪種類型後給予針對性培養。
2 尊重	不管孩子多小，父母一定要給予孩子尊重，這樣才能走進孩子的世界，贏得孩子的尊重。
3 做孩子的榜樣	著名的家庭治療師薩提爾（Virginia　Satir）說：「孩子沒有問題，若有問題，一定是父母的問題。」所以，父母要以身作則，給孩子一個好的榜樣。
4 多給予鼓勵和肯定	每一個孩子身上總會有發光的地方，父母要善於發現他身上的優點，並適時給予鼓勵和肯定，孩子會做得更好。
5 不比較，結果比過程更重要	由於每個孩子在智力、學習能力等等方面都存在著差異，所以，父母不能強求孩子跟「別人家孩子」一樣，將來也要考名校。我們要正確了解自己和孩子，孩子如果努力了，結果是什麼樣並不重要。孩子奮鬥的過程才是精彩的、重要的！
6 關心孩子的心理	孩子課業負擔重、壓力大，很容易在心理上出現問題。這就需要父母平時多跟他交流，幫他排解壓力、紓解情緒。
7 孩子共同成長	現在的孩子接觸新鮮事物多學習速度快，如果我們家長不學習，和孩子溝通就會是最大的問題，所以，父母只有多學習，才能改善親子關係。

8 給孩子獨立成長的空間	父母要學會放手，相信孩子，多給孩子犯錯的機會，讓孩子在挫折中慢慢長大。

在教育孩子方面，我很贊成一句話：「孩子 —— 我們對於這個被自己締造的生命，付出了無條件地愛，而這份愛卻未必是對他好的。學習怎樣做一個好父母，是我們每個人一生的修行。」

讓孩子成為獨一無二的自己

有一年，我在某市舉辦「生命覺醒」課程時，父母們問得最多的一句話就是：

「諸葛老師，怎麼才能讓孩子像他們班上成績好的同學那樣，變得喜歡讀書啊？」

「諸葛老師，您是怎麼教育您的孩子的，我聽說您的兩個孩子，不但學業好，也特別懂事。」

「諸葛老師，我怎樣才能把孩子教育成像別人家的孩子那樣，不讓我操心啊。」……

我問他們：「你們為什麼要把孩子教成別人家的孩子呢？」

「別人家的孩子聽話，不讓大人操心呀。」他們異口同聲地說。

我耐心地說：「每個孩子都是獨立的生命個體，他們就像世界上兩片不一樣的樹葉一樣，我覺得，讓他成為獨一無二的自己，比讓他當複製的『好孩子』更好。」

聽了我的話，他們都愣住了。

從事家庭教育這麼多年來，我不但研究國學中的文化精髓，也對國外家庭教育的理論和案例進行過研究。我在平常舉辦「生命覺醒」課程時，也接觸過許多這方面的真實案例，這讓我得出一個結論：

每個孩子都是獨一無二的，最成功的家庭教育方式，不是讓孩子變得多麼優秀，而是讓孩子成為獨一無二的自己。

十幾年前，有一對夫妻帶著他們進入青春期的兒子，專程從千里之外的城市趕來向我求助。

當時，他們的兒子十三歲，剛上國中，身高很高，低著頭跟在父母身後，一副無精打采的樣子。

「這是諸葛老師，快跟諸葛老師問好。」母親嚴厲命令孩子。

孩子的頭垂得更低了。

「這孩子越長大越不聽話。」母親抱怨道，「我弟弟家的孩子，比他還小，卻比他禮貌，一見到大人就親切地問好，你再看他，我叫他問好都不問好——」

「他跟我小時候一樣，不愛說話。」我說著向這位母親使了一個眼色，不讓她當眾教訓孩子，然後我把頭轉向男孩，微笑著問道：「你平常喜歡什麼運動？」

聽了我的話，孩子抬起頭看我，眼睛裡充滿了喜悅：「踢球。」

「只知道玩，不知道好好讀書 ......」父親插嘴。

我一直認為，當眾責罵孩子，是家庭教育的大忌。所以，我趁機對孩子的父母說：「您們在外面等我，我先跟孩子談談。」

那天，我跟孩子談得非常愉快，孩子告訴我，他喜歡運動，將來想當記者。說到這裡，他有點不好意思：「老師，我國文不好，特別是作文，您說我這樣子能當記者嗎？」

我鼓勵他：「只要你想當記者，以後朝著這個目標努力，不管將來考上什麼大學，你都要朝著這個目標努力，一定要相信自己做得到。」

孩子聽後信心大增，向我表示，一定要盡最大能力實現自己的夢想。

後來，我再跟孩子的父母談話時，這位母親繼續抱怨：「我表姐的兒子，跟他同歲，畫畫很好，得過獎；我們鄰居家的孩子，作文寫得好，在校刊上發表文章；他國小同學跟他都是在國小學奧林匹克數學的，他同學在全國比賽中拿過好幾次獎，他一次都沒有。」她長嘆一口氣，「我家孩子，真的是一點優點都沒有……」

我說：「每個孩子都是獨一無二的，他們都有屬於自己的特質，這需要父母去發現並為他指出方向，讓他朝著這個方向去努力。不要總是指責孩子，多給他希望。」

「諸葛老師，您說我家孩子這個樣子 ......」他們幾乎是異口同聲地說，「他將來能像別人那樣過上好生活嗎？」

我問道：「你們覺得什麼生活才算好的呢？」

「這個 ......」他們一時回答不上來。

我語重心長地說：「孩子的人生，需要孩子來完成，他將來過得如何，我們都無法左右。所以，身為父母，我們要做的就是，給孩子希望，多聽聽孩子的心裡話。」

後來，他們又聽過我的幾次課後，漸漸地有了變化，跟孩子關係也好了起來。

2015 年的暑假，我接到男孩的電話，他在電話裡高興地對我說，他考入了某大學的中文系。

每個孩子的成長過程中都有屬於自己的人生舞臺，父母要想讓孩子在這個舞臺上當主角，就不要照成人的標準要求他們，這樣只會壓抑孩子的需求和情緒，慢慢的會讓他們脫離真實的自我，壓抑自己的潛力，成為許多「優秀」孩子的「複製品」。

有人說，教育是根雕藝術，不是泥塑藝術。根雕是按照樹根本來的樣子，經過藝術家的精雕細刻，使其成為獨一無二的精美藝術品。教育孩子亦如此，要根據孩子的特質，對他進行耐心地引導，去發揮自己的才能。而不是像「泥塑」那樣，按照預先設定好的模式，塑造出一批和原型一模一樣的藝術形象。

伊雷娜和艾芙是居禮夫人（Maria Skłodowska-Curie）的兩個女兒。對於女兒的教育，居禮夫人採取的就是「根雕」教育。

在教育過程中，居禮夫人像做科學研究一樣，對兩個女兒進行細心的觀察和比較。漸漸地，她發現兩個女兒的天賦是不一樣的，大女兒伊雷娜喜歡數學，對數字非常敏感；小女兒艾芙則喜歡音樂，一聽到音樂，她會隨著旋律搖動身體，嘴裡哼出的調子也很合拍。

在了解了兩個孩子的興趣、特長後，居禮夫人在平常教育中，會特地鼓勵她們去做自己擅長的事情。

一段時間後，居禮夫人又發現伊雷娜喜歡科學，並且有較強的推理能力，智力和反應像父親，於是就為她創造機會，讓她接觸實驗操作。

在居禮夫人的精心教育下，1935 年，她的大女兒伊雷娜及其丈夫獲得諾貝爾化學獎；而她的小女兒艾芙，透過努力，成為一名優秀的鋼琴家和記者。

每個孩子就像兩片不一樣的樹葉，都有專屬自己的獨特個性和稟賦、優點和潛能。身為父母，你是孩子的第一任老師，也是孩子的終生導師，你要懂得尊重、保護並且順勢引導孩子的天性，這樣才能讓孩子快樂、健康地成長。

父母的正確教育和愛一樣，是孩子茁壯成長的陽光和雨露！所以，父母是孩子的發現者、探索者和偵察者，而不應該是孩子的評判者、塑造者、改造者。要允許孩子用自己的方式做自己，力求做到如下幾點，見圖 1-4：

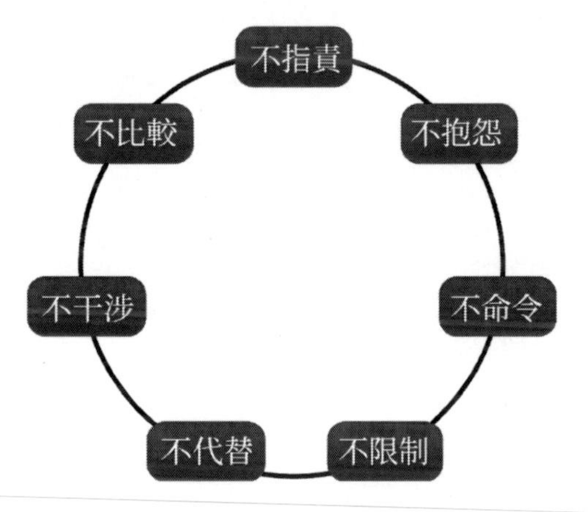

圖 1-4

為什麼孩子在父母眼裡，總會有各種「不好」？其實，孩子的這些「不好」，都是父母造成的。有時候，父母要求孩子不能做這不能做那，是怕他做得不好，找大人麻煩，而不去覺察孩子做這些事對孩子有無好處。

父母讓孩子變得「優秀」沒有錯，但如果把孩子培養成別人家孩子一樣的「好」，一樣的「優秀」，就有東施效顰之嫌了。

若孩子是一棵參天大樹，你非要像一朵花那樣培養他，本來就會有問題。花有花的嬌豔和芬芳，樹也有樹的茂盛和偉岸，是不能混在一起培養的。與其不停地羨慕別家「優秀」的孩子，不如多觀察、多欣賞自家孩子，這樣能讓你善於發現孩子的天賦潛能，讓孩子成長為獨一無二的自己。

對待孩子的教育，父母要像居禮夫人一樣，用一雙「根雕」藝術家的慧眼，善於發現孩子的與眾不同之處，然後在生活中對他耐心地指導、精心雕琢、用心培養。讓孩子長成他自己的樣子，而不是別人家孩子「優秀」的複製品。這才是父母的修為和功德！

我們給予孩子生命，卻不能庇蔭他們的靈魂

有一次，我在為學員上「生命覺醒」的課程時，向他們朗誦了紀伯倫（Kahlil Gibrany）寫的一首〈致我們終將遠離的子女〉（On Children）：

你們的孩子，都不是你們的孩子，

乃是「生命」為自己所渴望的兒女。

他們是憑藉你們而來，卻不是從你們而來，

他們雖和你們同在，卻不屬於你們。

你們可以給予他們愛，卻不可以給予他們思想，

因為他們有自己的思想。

你們可以庇蔭他們的身體，卻不能庇蔭他們的靈魂，

因為他們的靈魂，是住在「明日」的宅中，那是你們在夢中也無法想像的。

你們可以努力去模仿他們，卻不能使他們來像你們。

因為生命是不可回溯的，也不與「昨日」一同停留。

你們是弓，你們的孩子是從弦上發出的生命的箭矢。

那弓箭手在無窮之間鎖定了目標，也用神力將你們拉滿，使他的箭矢迅速而遙遠地射了出去。

讓你們在弓箭手手中的「彎曲」成為喜樂吧；

因為他愛那飛出的箭，也愛上了那靜止的弓。

我朗誦完以後，問臺下做父母的學員：「你們聽後有什麼感受？」

聽了我的話，他們面面相覷，過了很長時間，一位學員才問我：「諸葛老師，我不太明白，您的課跟這首詩有什麼關係？」

我笑著說：「當然有關係。對於我們的孩子，我們可以庇蔭他們的身體，卻不能庇蔭他們的靈魂。意思是，孩子的精神和靈魂，是屬於他自己的，任何人都不會強行植入到他的身體裡。」

所以，我們給孩子最好的家庭教育，就是要特別注意保護

他的獨立思考能力，保護他自己的思想，讓他自由地去發揮。

我女兒八歲那年，有一次，我帶她到家附近新開幕的超市，回到家後，我無意中發現，收銀員多找了我十塊。我立刻拿著錢往門外走，準備還回去。

我剛走到門口，女兒從她房間出來，問我去做什麼？

「去還收銀員的錢，那位阿姨算錯了，多找了我十塊錢。」我向女兒解釋。

「爸爸，我覺得你現在去還錢不太適合。」女兒對著我說。

「我們可不能占這個便宜啊。」在一旁的老婆見狀，笑著對女兒說，「人家開店多辛苦，說不定收銀員阿姨少收十塊錢，被發現後還要被罰錢呢。」

我和老婆對女兒的教育早已經達成了共識，在我們看來，女兒有一個美好的德行，遠比學業成績更重要。

「媽媽，我沒有叫爸爸占便宜。」女兒一臉認真地分析，「我只是覺得爸爸現在去還錢不適合。」

女兒的話引起我的興趣，我停住腳步，轉過身，笑著問她：「那你說爸爸什麼時候還錢才適合？」

「爸爸，我是這樣想的。」女兒小大人一樣分析，「你看啊，這店是新開幕的，人那麼多，找錯錢是難免的。可是，因為收銀員是老闆僱的，如果你現在去還錢，顧客多，不小心被老闆發現了，她非但不會因為你還她這十塊而高興，反而會懷疑收銀員是否能勝任這工作。如此一來，收銀員阿姨也會責怪你。」

「哎呀，你快去還錢吧。不就是十塊嗎？哪裡有這麼複雜。」老婆催我。

說實話，當時，我也覺得女兒多慮了，但是，身為教育工作者的我，對女兒有這麼多想法感到好奇，就故意說：「按照你的說法，是不是就不用還錢了？」

「當然要還。」女兒大聲說，「你和媽媽不是一直告訴我不能貪別人便宜嘛。我只是說你現在去還錢不適合。」

「那你說什麼時候還錢才適合？」我饒有興致地問她。

「這個嘛，我現在還沒有想好。」女兒猶豫著說，「不過，我覺得應該等客人少時，老闆和其他人不在場時，去還錢更好一點。」

女兒的話提醒了我，站在我們的角度看，對方找錯錢，我們去還，對方應該感激才對；但是，如果站在對方的角度想呢，就是另一種情景：當著老闆或是其他員工、顧客的面還錢，老闆會覺得員工工作不認真；當著顧客的面還，員工會覺得自己沒有面子⋯⋯

後來，我當場表揚女兒考慮周到，接著把這件事交給女兒去處理。結果怎麼樣呢？超市的收銀員居然跟女兒成了朋友。

原來，女兒去還錢時，先是把收銀員叫出來，向她講了事

情的經過。收銀員聽後，誇獎女兒設想周到。

法國的著名風景畫家柯羅（Jean-Baptiste Camille Corot）晚年曾說：「我每天早上醒過來向上帝祈禱，讓我像小孩一樣天真地看世界。」我年紀越大越明白這句話，孩子們都是我的老師。如果我們能夠靜下心來觀察孩子，你會發現，孩子的思想比我們成人更成熟、純粹、更值得我們去學習。

我一直認為，孩子獨立的靈魂，就是孩子獨立的個性，當然，我說的這種個性，並非是不入流的「特立獨行」，或者是與外界格格不入。而是孩子對事情獨到的見解、獨有的觀點。比如：

春天的風是溫暖的，所有的人都知道。但孩子自己在外面感覺，對你說，春天的風只是有時是涼的，有的是溫暖的，並由得出結論：初春的風是涼的，春雨後的風是涼的，其他時候是溫暖的。那麼，這就是孩子獨立的思想，是他經過實踐後的思考得出的答案。孩子思考的過程是在提升他的思考能力。

讓孩子擁有思想，是要建立在確保孩子思想的健康與積極的基礎上。一般來說，父母可以從以下原則著手（見圖 1-3）：

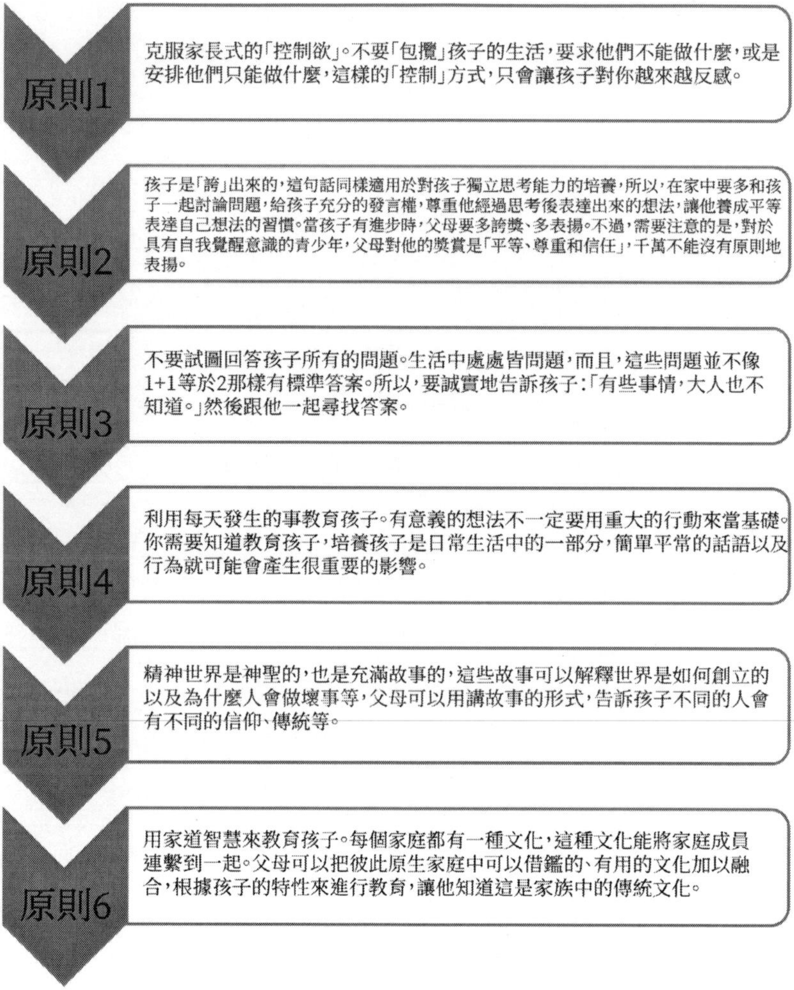

原則1
克服家長式的「控制欲」。不要「包攬」孩子的生活，要求他們不能做什麼，或是安排他們只能做什麼，這樣的「控制」方式，只會讓孩子對你越來越反感。

原則2
孩子是「誇」出來的，這句話同樣適用於對孩子獨立思考能力的培養，所以，在家中要多和孩子一起討論問題，給孩子充分的發言權，尊重他經過思考後表達出來的想法，讓他養成平等表達自己想法的習慣。當孩子有進步時，父母要多誇獎、多表揚。不過，需要注意的是，對於具有自我覺醒意識的青少年，父母對他的獎賞是「平等、尊重和信任」，千萬不能沒有原則地表揚。

原則3
不要試圖回答孩子所有的問題。生活中處處皆問題，而且，這些問題並不像1+1等於2那樣有標準答案。所以，要誠實地告訴孩子：「有些事情，大人也不知道。」然後跟他一起尋找答案。

原則4
利用每天發生的事教育孩子。有意義的想法不一定要用重大的行動來當基礎。你需要知道教育孩子，培養孩子是日常生活中的一部分，簡單平常的話語以及行為就可能會產生很重要的影響。

原則5
精神世界是神聖的，也是充滿故事的，這些故事可以解釋世界是如何創立的以及為什麼人會做壞事等，父母可以用講故事的形式，告訴孩子不同的人會有不同的信仰、傳統等。

原則6
用家道智慧來教育孩子。每個家庭都有一種文化，這種文化能將家庭成員連繫到一起。父母可以把彼此原生家庭中可以借鑑的、有用的文化加以融合，根據孩子的特性來進行教育，讓他知道這是家族中的傳統文化。

圖 1-3

但無論你是否明白，這些需求都造就著品格不同的人。這些需求，使一個孩子長成為一個有自我價值、有信心、有愛

心、有智慧、有自我的人，這個人才能立足於未來的社會。

因此，我想對於父母而言，千萬不要奢望可以教給孩子什麼，飛出弓弦的箭，又豈能讓弓掌握它的軌跡？我們唯一對孩子做的是，給孩子一個「愛和自由，規則與平等」的環境，讓孩子成為他自己應該成為的那個人，而不是父母期待成為的那個人，讓孩子擁有一個完整的成長，包括身體的、感覺的、情緒的、認知的、心理的、精神的完整成長，而不只是被灌輸屬於父母這個時代的認知與技能。這才是我們對孩子最好的教育！

請賜給孩子一把鑰匙，讓他開啟幸福的大門

最近幾年來，不管是在我講課時，還是在網路上跟我互動，父母跟我說的最多的一句話就是：「諸葛玉堂老師，自從有了孩了後，我看過很多育兒方面的書，也聽過不少關於家庭教育的課，那些教育孩子的道理，我都懂，可是，一旦真的面對孩子時，這些知識完全派不上用場。總是忍不住對孩子管這管那、指手畫腳，這樣做的結果是跟孩子不歡而散。管，管不了；不管，又擔心孩子將來過得不幸福，真不知道該怎麼辦了？」

對於這個問題，我的辦法就是，給孩子一把開啟幸福的鑰匙，讓他們拿著這把鑰匙，來開啟他們世界的大門。

我既是教育工作者，也是一位父親。多年來，我在教育孩

子的道路上，也是一路摸索著走過來的。

有一次，上國中的女兒對我說：「爸爸，你知道嗎？我上國小的時候，有一段時間，對你特別不滿。」

我問她：「是不是你剛上國小的時候？」

她點點頭：「那時你讓我學這個學那個，對我管東管西，讓我好煩啊。等我上大學後，我開始感激你了；參加工作後，我對你不只是感激了，而是崇拜。」

女兒的一席話，讓我感慨萬千。我說：「跟我談談吧，我在你這裡，是怎麼從讓你『煩』再到『崇拜』的？」

她說：「我剛上國小時，你規定每天必須按時完成作業；培養興趣，但不必當作特長去學，可以當作以後調節生活的工具。」

女兒的話提醒了我，記得她那時喜歡游泳和鋼琴，想報名，我答應了，但告訴她，報了名，一定要在不影響課業的情況下堅持學下去。上國小高年級後，因為課程變多，她怕耽誤功課想放棄，我沒有同意，勸她不要半途而廢。每天花哪怕半個小時來學鋼琴，同時讓她一週去游泳兩次。

對於我給她的規定，她很不滿。但是因為我是一個遵守規定的人。所以，女兒的反對無效。

然而，正是我這種以身作則的教育方式，讓女兒在上學期間都養成了一個好習慣，那就是在選擇做某種事情時，不是基於功利性，而是為了學更多的知識，並且一旦選擇，不會輕言放棄。

女兒上國小時學的書法、古箏等等，一直都沒有放棄。由於她有這麼多的興趣、特長。女兒的生活過得非常充實、有趣。

給孩子一把鑰匙，那就是榜樣，榜樣是最好的家庭教育。孩子愛玩、沒有恆心，是孩子的天性，卻被父母控制得死死的。有調查報告顯示，亞洲國中國小生平均每天寫作業高達 3 小時，是全球平均的 2 倍。孩子們因此成了夜貓族，睡眠普遍不足 7 小時，讀書品質不高。

在花一般的歲月，卻無法像花一樣自由呼吸和綻放。法國哲學家盧梭 (Jean-Jacques Rousseau) 說：「人是生而自由的。」看到這裡，你可能會說，沒辦法，孩子上學時不吃苦，將來如何接受競爭的社會？

孩子讀書不是壞事，但孩子讀書品質為什麼不高？很簡單，那就是父母的榜樣作用。

「倘若沒有了自由，人的生命絕不可能在囚牢裡開出絢爛的花朵。」小說家米蘭．昆德拉的忠告，對我們當今的教育應是一個深刻的警示。我們再也不能將門鎖死，要交給孩子們一把通向自由的鑰匙，這樣，他們才會像得到自由的鳥兒一樣，在天空中自由自在地飛翔。

這把通向自由的鑰匙是開啟孩子幸福的鑰匙，這需要父母對孩子進行如下教育，見表 1-4：

表 1-4

1 培養孩子的責任心和責任感	責任是一種教養，更是一種品格。責任感存在於生命中的每一個角落。古人云：「育人為本，責任為先。」責任感對於孩子來說，是十分重要的。只有具備一定的責任感，人才能自發、勤奮地學習、工作，做各種有益的事情，掌握各種技能，孩子必須從小培養責任感，以便長大後能盡快適應社會，能照顧家庭，完成工作，盡自己的義務，從而成為優秀人才。身為家庭中的一名成員，孩子既應該享受權利，也應承擔一定的家庭責任，包括家庭中的分工，承擔一定數量的家事。父母可透過鼓勵、期望、獎懲等方式，督促孩子履行職責，培養責任心。
2 培養孩子的交流能力	人生的道路是曲折的，一個人無論多麼聰明，多麼優秀，要是沒有別人的支持，取得成就的可能性很小。如果沒有他人的支持，連獲得高智慧的途徑都找不到。父母要注重培養孩子的交流能力，讓他覺得交流是一種享受，無論跟誰交流都能輕鬆自如，身心一致，內外一致，他的交友圈就會越來越大，他的未來與社會的相融性就會越來越強。
3 引導孩子正確面對榮譽和競爭	當今競爭如此激烈，那怎麼引導孩子向著正確的方向前行，是我們當家長應該側重之處。面對競爭，很多家長可能就是想自己孩子要為自己拿多少獎狀、多少榮譽、班上前幾名回家。孩子成績優秀固然是好事，但是一個班級有那麼多的孩子，總不可能人人拿第一吧！這些要求會為萌芽的孩子們加上了重重的枷鎖，天天都處於緊張之中。這種方式會

	對孩子的身心健康造成極大的影響。談到競爭，能想到的又有兩點。那就是成功和失敗。怎樣讓孩子正確對待這兩種結果也是我們家長和老師共同面對的重要問題。我們可以想像一下孩子從小到大都處於競爭，有時會一路都是成功，若是哪一天孩子失敗了，他們能經得起打擊嗎？因此我們當家長的在不斷鼓勵孩子取得成功的同時還應該培養孩子應對失敗和挫折的能力。讓孩子學會怎樣從失敗中吸收經驗，怎樣自己站起來，才能造就一個經得起風吹雨打的孩子。
4 正確培養孩子的興趣、愛好	在我看來，做家長的除了自己努力工作積極奉獻為孩子做個好榜樣之外，還應當正確地認知自己對孩子期望值。「望子成龍，望女成鳳」這是人人期望的，但是我們當家長的應該做的事情不是要把自己的意識強加於孩子讓他非得學這非得學那而且都要學好，都要第一。我們應該學會觀察並正確培養他們的愛好，更應根據孩子自己的愛好給予他們鼓勵支持，正確引導孩子的學習，讓孩子自己選擇好自己的童年，選擇自己需要什麼。小時候只要讓孩子學會獨立，學會思考，學會對自己的行為負責，養成良好的學習和生活習慣，僅僅這些就足夠了，額外的技能不需要強加給孩子。當然我不是否定學習，如果孩子喜歡的東西，他選擇去學習它的話，他會更有興趣去學，也要讓他知道要為自己的選擇負責，因為好的人生觀和價值觀念會帶領孩子朝著正確的方向去，不需要家長強逼。我想這樣的孩子童年一定是幸福的。

5 培養孩子學會感恩的心	當然培養孩子學會感恩也是我們應該做好的。從小培養孩子感恩，這不僅是一種禮儀，更是一種健康的心態。在家裡我們對孩子的愛不是單向的，而是雙向互動的。做孩子的僅接受來自父母的愛是不夠的，更應懂得愛的反饋和回報。只有學會分享和感恩，將來在社會上才能更好地與周圍人相處和合作。

修練「接納」，用大愛包容孩子

我愛你，
不光因為你的樣子，
還因為，
和你在一起時，
我的樣子。
我愛你，
不只因為你為我而做的事，
還因為，
為了你，
我能做到的事。
我愛你，
因為你能喚出，
我最真實的那部分。

……

這是羅伊・克羅夫特（Roy Croft）寫的一首愛情詩，題目就是〈愛〉（Love）。但我覺得這首詩更適合父母對於孩子的愛。

孩子是父母相愛的結晶，是父母生命的延續，是我們在這個世界上最親密的人。我們的愛是他們得以成長的土壤。特別是當他們還是一張白紙的時候，我們給予他什麼，他就會接納什麼，他將來的生活是否幸福，與我們對他各方面的影響息息相關。所以，既要愛孩子可愛的一面，也要愛孩子令你「討厭」的一面。總之，就是要接納孩子的全部。

一年前，我在 B 市的商場，看到一個大約四五歲的男孩，坐在地板上大哭，旁邊有一位年輕的媽媽，她氣得滿臉通紅，大聲訓斥：「我數一二三，你再不起來跟我走，我就不要你了。我不喜歡愛哭的孩子。」

孩子根本不聽勸告，而且加大了聲音哭喊。

年輕的媽媽氣憤地說：「一，快起來——」

孩子繼續哭，索性捂住了眼睛。

「二——」媽媽又喊，「你要是不起來，我真的要走了。」

孩子也在氣頭上，並不理會媽媽的最後通碟，哭聲沒有絲毫的減弱。

「三……不起來是吧，好，你就在這裡哭吧。我要走了。」

年輕媽媽邊說邊怒氣沖沖地做出要走的樣子。

「快去找媽媽，媽媽真的走了。」旁邊有一位老奶奶勸孩子。

孩子依然閉著眼睛哭。

「你太討厭了，我不要你了，沒有你這個兒子。」年輕的媽媽邁開大步向前走了幾步。

孩子仍然沒有停止哭泣的意思。

媽媽走後，旁邊的奶奶溫和地說：「孩子，媽媽不要你了，以後跟著奶奶吧。」

孩子突然站起來，往前追去，邊追邊哭邊叫：「媽媽，等等我，媽媽，我不哭了，我聽話。」

早就等在前方不遠處的媽媽，張開雙臂，緊緊地抱住了兒子。

「媽媽，你不愛我了？」男孩在媽媽懷裡邊哭邊撒嬌。

「你是媽媽的孩子，媽媽怎麼會不愛你？」媽媽疼愛地撫摸著兒子的頭。

「那你怎麼丟下我走了？」

「走掉的那個媽媽，不喜歡剛才鬧脾氣的你。」媽媽笑著說，「現在的媽媽，不管你是什麼樣的孩子，都會愛你的。只不過，你鬧脾氣時媽媽不能幫你，所以，只能在這裡等你。」

男孩用雙手圍繞著媽媽的脖子，開心地說：「媽媽，我也不

喜歡鬧脾氣的那個我，那個鬧脾氣的我走了，我想讓那個不喜歡鬧脾氣的我的媽媽也回來。」

身為父母，我們要像這位年輕的媽媽說的那樣，不管孩子是什麼樣的，我們都要愛他。也就是說，既要愛孩子懂事快樂的時候，也要「接納」鬧脾氣時的孩子，特別是當孩子鬧脾氣或是發脾氣時，你在左哄右勸無效後，要學會撫平自己的情緒，而不是跟孩子一樣犯「糊塗」，動手或是說一些口無遮攔的話。

孩子和我們成人一樣，也有情緒不好的時候，這個時候，他們自己無法控制情緒，大人要做的就是先讓自己冷靜下來，然後再想辦法處理孩子的情緒。我們只有真心接納自己的孩子，才能和孩子一起勇敢面對他成長過程中的各種挫折。

遺憾的是，有的父母不肯接受這一點，用成人的標準來要求孩子在各方面都出色，導致對孩子有不合理的期望，當孩子做不到時，父母就會不滿意；孩子反抗時，父母就會暴力制止……這樣做的結果是導致親子關係變差，等到孩子心理的最後一道防線被刺破後，就會加速孩子的叛逆情緒，如此一來，有的孩子自暴自棄，有的變成搗蛋的「壞孩子」，有的則是跟父母劃分界線。

我有一個朋友，他們夫婦都是博士，女兒出生後，夫婦兩個給予很高的期望。女兒三歲時就開始讓女兒練琴、五歲時學舞蹈、六歲學奧林匹克數學等才藝班。

女兒上學後，成績是全班第一，升國中時，以全校第一名進入明星國中。上國中後，由於同學都是各個國小的傑出學生，再加上課程多，學業加重。她向父母提出不想再報名這麼多課程，遭到父母的反對，認為是她在偷懶。此後她不敢再向父母提此事。但學業成績開始下降。

父母見此，就幫她請了一對一的家教。課外才藝班和家教，占去了這個女孩幾乎所有的課餘時間。她每天除了吃飯，就是學習。儘管她已經盡力了，可會考時，她仍然沒有考上明星高中。

父母看著同事的孩子都以高分考進了明星高中，覺得女兒丟了他們的臉，就對她各種冷嘲熱諷，是「敗家子」。在父母的咒罵聲中，女孩開始懷疑自己的智商，認為自己對不起父母的辛苦培養，感覺到前途渺茫，終於在一個被父母指責、抱怨的夜晚，她默默地離開了家門，從此杳無音訊。

直到女兒失蹤後，我的朋友才幡然悔悟，是他們對女兒的各種挑剔逼走了女兒。他們夫婦抱頭痛哭，想起女兒小時候的乖巧，想起女兒每晚的挑燈夜讀……又想起女兒考試失利後，他們對她的各種苛刻指責……

「是我們無法接納女兒，無法包容女兒啊……」朋友夫婦逢人便哭訴。

合格的父母，並不需要有多麼高深的學歷，也不需要有多麼博學多聞，只需要你有一顆接納孩子的心足矣。我這裡所說的接納，不僅僅是孩子因不順心發脾氣的行為，還有當他做事

情時達不到你的要求時，你要明白，孩子的失敗，並非他們所願，他們經歷這些時，心中比你承受的壓力還大。這時你要做的不是指責、抱怨、咒罵，而是用一顆愛心接納他們所有的情緒，給予他們精神的力量！

你可能會問，怎麼才算是無條件的接納孩子，到底誰說了算？自然是孩子說了算。父母是施與者，孩子是接受者。看到這裡你又會問，說父母辛苦工作，對孩子苦口婆心地勸導，可是孩子怎麼就是不聽大人的話呢，為什麼他就是不接受呢？這是因為，你給予孩子的接納缺乏以下幾點，表 5-1：

表 5-1

1 多肯定、讚賞孩子	肯定、讚賞就相當於陽光，給予得越多孩子越向上。家長要牢記：自己也有很多毛病，家長是孩子的榜樣，孩子身上有問題是正常的。怎麼讓孩子的問題變為上進的階梯，家長要做好其中的橋梁。例如：孩子正玩得非常專注時。父母要看到專注的一面並給予肯定，並和孩子探討，專注能帶來什麼好處？專注還可以用在哪些方面？使自己專注的方法有哪些？也就是說，孩子表現得好時，肯定；孩子表現得不好時，首先肯定其中值得肯定的部分，然後再做引導。而不是責備他光玩不讀書。 生命的美在於過程而非結果，孩子即便課業成績沒有達到你

2 重視過程勝過結果	生命的美在於過程而非結果，孩子即便課業成績沒有達到你的期望，但他在課業生活中是一種投入、享受的狀態，就值得表揚。父母要做的是鼓勵孩子的勤學精神。他如此苦讀，課業成績已經辜負了他，父母不能再用否定來辜負他了。在陪伴孩子、肯定孩子的同時，和孩子一起找原因，配合他找出改進的方法。
3 引導孩子付諸於行動	當一件需要長期努力才有成果的事件，經科學研究證實，付諸行動比意志更重要。做任何事情，只有執行的人明白了努力對他的價值時，在價值的指引下，他才會千方百計、迂迴曲折地奔向成功。

我在教育女兒的過程中，明白了什麼叫真心接納孩子。這需要父母自我修練，即修練我們的「接納」。讓孩子明白你都懂他，他身上出現的問題和遇到的困難，你要給予充分的理解。不管發生什麼，你都願意跟他一起來分析面對，當他沒有準備好迎接挑戰，你做的不是嫌棄他、催促他，而是願意等著他、陪著他來做調整，直到他恢復元氣，充滿信心地迎接挑戰時。你依然在他背後做為他鼓勵、吶喊的精神支柱、

父母不能做孩子的損友，不能對孩子的缺點視若無睹，也絕不是要包容孩子的一切，而是在孩子理解的基礎上給予幫助，是孩子的良師益友，為他指點迷津，而不是控制、指責，是正確認知他的能力，而不是他達不到目標時辱罵、詛咒他。

當孩子遇到困難時，你要平心靜氣和地跟他討論他遇到的問題，並和他站在同一戰線上，共同面對他的壓力和困難。不給他高不可攀的要求，更不給他「心理的重擔」，做他共患難的密友和戰友……這便是我說的接納孩子的意義！

第 2 章
孩子的榜樣，父母的鏡子

父母的「行為」是一切的根源

「與人相處，『我』是一切的根源。所以，我們要學會主動付出，不能等別人開口來求我們。我們只要做到先幫助別人，為別人雪中送炭，別人才會在你有困難時，主動來幫助你。」

上面這段話，是我小時候聽父親說的。

在我童年的記憶裡，父親永遠在忙，那時，他要養活一家人，每天早出晚歸，很少見到他與周圍的人閒聊，也沒見他走親戚。

那時，我總覺得不擅言辭的父親，人際關係處理得不夠好。直到後來發生的一件事，讓我對父親開始另眼相看。

我十歲時，家裡要蓋房子，因為沒有錢，父親就打算自己來蓋，於是，他先把家裡的磚牆拆了。

有一天，我放學回家，看到很多人在幫我家蓋房子。這些人中，既有親戚也有鄰居，他們做完事後，不管父母怎麼挽留，都執意回自己家吃飯。吃完午飯後，他們又來幫忙蓋房子。

不到半個月，我家的房子就蓋好了。

那時我雖然年紀小，仍然很感動，覺得這些親戚鄰居真好，我們家很幸運，遇到了好親戚、好鄰居。除了蓋房子，我家遇到其他困難時，他們也會主動幫忙。後來我在親戚、鄰居那裡得知，父親非常喜歡幫助別人。

別看父親平常不愛說話，但他總是靜靜地觀察，默默地去做，誰家有了困難，他總是第一個伸出援手的人。

有一年年底，鄰居的父親生了病，他主動幫忙把鄰居的父親送到大醫院，還把我們過年準備買年貨的錢墊上；親戚中誰有困難，他知道後都是主動去幫忙，從來不會讓人家來求；每逢假日，家裡做了什麼好吃的，父親會叫母親分送給周圍的鄰居……父親就是靠著這些實際行動，在親戚鄰居中贏得了好名聲。

在父親的影響下，我也養成了主動幫助別人的好習慣。無論是同學還是朋友，他們中誰有了困難，我總是盡我所能來幫助他們。

長大後，我漸漸明白，一個人要想在社會上具有良好的人際溝通能力，就得先與周圍的人打好關係。而這一切的根源，是要先改變自己。

多年後，當我有了自己的孩子並從事教育工作時，我依然得益於父親那句「我們只有做好自己，才會讓別人成為像你一樣的人」。如果把這句話套在家庭教育上，則是，要想教育好孩子，大人就得先把自己教育好。

在家庭生活中，對於孩子來說，父母的行為，是一切的根源。為什麼這麼說的，因為你在日常生活中，不經意的舉止，都被孩子那雙像高畫質相機一樣天真無邪的眼睛照了下來，他把這一張張高畫質照片，永遠貼在腦海裡，隨時都會模仿著父母的行為。

有一次，我在主講「生命覺醒」的課程時，有位學員向我們分享了她的教育經歷。

她的女兒上國中才兩個多月，卻已經讓老師換了四次座位。後來她了解到，女兒換座位的原因，不是嫌周圍的同學上課說話影響她聽課，就是與某個同學發生矛盾。總之，女兒哭訴說身邊的同學都在故意跟她作對。

第四次換座位不到一週時間，女兒愁眉苦臉地找到她，說道：「媽媽，我想轉學，我們班上的同學都很壞，我不喜歡他們。」

她的心一沉。想起自女兒上學後的事情：在國小轉過三次學，她們搬過三次家。

女兒學業成績一直很好，在班上是前五名。轉學的原因大同小異：嫌班上的同學不愛讀書、自私，影響自己讀書。

她曾經向女兒的班導了解過情況，班導說，她女兒很愛讀書，人很善良，就是缺乏與人相處、溝通的能力。

她們搬家的原因，也是因為女兒嫌居住環境不好。女兒愛看書、學習。但對環境要求也很嚴格。她讀書時不能有一點擾亂的聲音。比如，樓上鄰居走路聲音不能太大，隔壁鄰居小孩的哭聲不能太高，樓下鄰居在社區裡跳舞時音樂不能太吵……

對於女兒的屢次擇校和搬家，她和老公起初沒覺得有什麼，認為只要是為孩子好，父母累一點苦一點沒什麼。古代不是還有孟母三遷的故事嗎。

可是，當國中上不到半年的女兒，又出現上國小時的情況時，她開始覺得不對勁了，決定尋找一下原因，跟女兒好好談一談。

那天女兒放學一回家，就說：「媽媽，我真是受夠了，這裡的同學不好，我今天又跟同學吵了一架。」

「我聽妳說，這次是班長，老師說，班長很關心同學。」她耐心地說。

「妳知道什麼啊，這個班長很愛孤立人，就拿今天自習課舉例吧。我的筆不能用了，就跟班長借，妳猜她是怎麼做的？」女兒氣急敗壞地說，「她說她只有一枝筆，就幫我向後面的同學借。我與那個同學昨天剛吵過架。所以，我不但沒用後面同學借的筆，還把班長罵了一頓，她們幾個就合夥不理我了。」

她聽到這裡，問道：「妳是說妳後面的同學答應借妳筆嗎？」

「是呀，妳覺得她是真心借筆給我嗎？」女兒一臉不屑地問。

「媽媽覺得她是真心的。同學之間相處，不要總是懷疑別人。」她為女兒分析著。

女兒卻說道：「妳不是常跟我說，人心難測，特別是周圍那些親密的人，他們害怕妳比他們強。最好不要與他們打交道，他們還不如陌生人好呢。」

女兒的話，讓她一愣。原來，女兒六歲時生過一次大病，因為需要一大筆錢做手術，在向親戚、鄰居們借時，對方都找藉口拒絕了。後來，她們只好把房子賣掉湊夠錢為女兒做了手術。

這件事情帶給她和老公很大的負面影響。日常生活中，他們一想起這件事，心裡就氣憤。漸漸地，她和老公刻意疏遠了親戚和周圍的鄰居。有時還經常當著女兒的面嘮叨這件事，女兒也受此影響，對親戚和周圍的人充滿敵意。

這位學員總結：「我真沒有想到，我們大人這種無意識行為，竟然影響到了孩子與人相處。聽了諸葛玉堂老師的『生命覺醒』的課程，我今天才找到了解決的方法，要想糾正女兒的這種處處以自我為中心的毛病，我們做爸媽的就得先改變自己的行為。」

父母是孩子最好的老師，父母的舉止行為時時刻刻影響著孩子。家庭教育中，身教重於言行，父母的言行舉止是影響孩子成長的重要因素。如果父母想有一個出色、優秀的孩子，那麼父母就得在行為中表現出優秀和出色。所以，父母在教孩子認識世界、改變世界的知識以外，更要注重自身的言行對孩子的影響。在生活中，父母必須要在以下幾方面做出榜樣，見表 2-1：

表 2-1

1 控制情緒	孩子喜歡模仿大人行為舉止及講話方式。如果父母面對壓力、焦慮和挫敗時，用偏執的話和狂躁的情緒表達對事物的看法時，孩子也會變成這樣；若父母在失敗面前表現出積極進取、樂觀的一面，孩子在遇到困難時也會表現得努力上進；父母時常表露出頹廢的情緒，孩子在接收到你的這些情緒波動後，也會跟著躁動不安起來。所以，父母在生活中，一定要學會控制自己的情緒，這樣才能讓孩子感受到生活的安全感以及自信心。
2 建立良好的人際關係	父母要意識到自己的個性以及為人處事，對孩子的成長有著明顯的影響。為了讓孩子能夠有正常的人際交往，父母要為孩子提供一個和睦的家庭環境，一家三口和睦友好地相處。這樣，當孩子走入社會，就會用相同的方式來與人相處。除此之外，父母在日常生活中處理人際關係時，要對人真誠，靠良好的人際關係立足。當父母這麼做時，孩子也會學著用平和的態度來對待他人。
3 擁有良好的生活習慣	好的生活習慣會改變人們的生活狀態，讓生活變得多采多姿。身為父母，要有規範、健康的生活習慣，包括作息、衣著、用餐、言談舉止、衛生、守時等，這些習慣都會潛移默化地影響孩子。父母要做孩子的好榜樣，就要讓孩子感受到怎樣做才是對的。良好的習慣表現在諸多日常生活的細節上，比如，做事認真、勤儉環保、樂於動手、善於思考等，這些良好生活習慣，需要父母在平日裡養成。

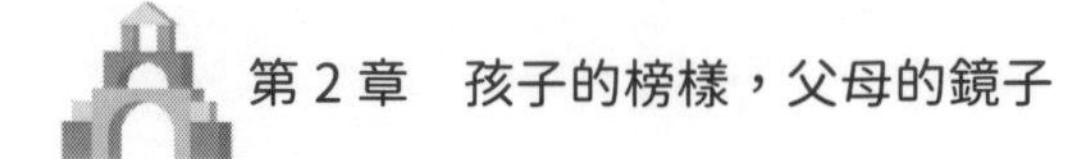

4 把愛傳遞給孩子	父母要想把愛傳遞給孩子，必須在生活中向另一半傳遞愛；向親戚朋友傳遞愛；向鄰居傳遞愛……如果父母在生活中以身作則，處處注意用愛的心態對待家人及他人，對待生活，對待周圍的一切，當好孩子的典範，孩子就會知道怎樣做一個有愛心的人，知道如何關心、愛護他人。久而久之，孩子也會具備善解人意和關心他人的特質。

孝順長輩，為孩子做榜樣

2001 年 7 月，《機會》雜誌在義大利的米蘭創刊。為了讓該雜誌一炮走紅，董事長亨利．肯德里提議，請比爾蓋茲來寫發刊詞。該雜誌記者在多次聯絡比爾蓋茲後，終於得到一個機會：比爾蓋茲答應在紐約飛往奈洛比的飛機上接受採訪，不過時間只有十五分鐘。

記者為了用這寶貴的十五分鐘採訪到重要內容，就把問題按照重要程度做了排序，其中他們認為第一個重要的問題是：您認為最不能等待的事是什麼？

對於這個最重要的問題，比爾蓋茲想也沒想，就回答道：「根據我的經驗，我認為天下最不能等待的事是孝順。」

比爾蓋茲的回答出乎所有人的意料，但又似乎在情理之中。的確，孝順父母，是我們每一個人都不能等待的事情。因為隨著父母年紀的增長，他們跟我們相處的日子越來越少。古話說：「子欲養而親不待，樹欲靜而風不止。」孝順父母是我們刻不容緩的事情，這種孝，展現在對父母的敬和陪伴上。

父母給了我們生命，含辛茹苦地把我們養育成人，身為孩子盡心盡力的孝順他們，這是天經地義的事情，不管你是誰，在何位，任何職，你都要孝順父母。

當我們成為父母後，更要把孝順父母列為生活中的第一件大事，而且以身作則，為孩子做一個榜樣，才是孩子日後孝順你的第一塊基石。

尊老、愛老、敬老、養老的傳統美德，我們必須要傳承和發揚。贍養長輩、孝敬父母是每個人義不容辭的責任和義務。如今，人到中年的我，在有了自己的孩子後，更能體會、感知父母當年的恩情。

我們的父母已過花甲，身體大不如以前，能陪伴我們的時間越來越少。所以，身為兒女的我們，要盡量抽空陪陪父母，幫忙父母分擔家庭、家事，關心父母健康，為他們做一頓飯菜、幫他們洗洗衣服等等，總之，不管你為父母做什麼，他們都會滿足的。

我成家後，為了能夠跟父母住得近一點，一直沒有買新房子。我在外講課時，老婆就陪著父母；我在家時，每天早上第一件事就是帶著老婆來到父母家，幫他們做飯、收拾。有很多次，父母都勸我：「你在外講課，很累的，休息一下吧。」

我笑著說：「能夠陪著你們做些力所能及的事情，我高興還來不及呢，哪裡會累。」

在我和老婆的影響下，我的兩個女兒，跟爺爺奶奶感情特別深。我常年出差在外講課，她們每天放學後都會去陪爺爺奶奶，幫忙做一些事情。

我父母逢人就誇我老婆和兩個孩子孝順他們。

我父母已經快八十歲的人了，因為生活得開心，看上去就像六十多歲的人。

記得有一天晚上，忙了一天的老婆，無意識地說了一句肩膀痛，兩個女兒立刻跑過來，輪流幫我老婆按摩肩膀和後背。

看到大女兒按摩時間那麼長，很累，我老婆心疼地說：「休息一下吧，妳的手臂是不是痠了？」

大女兒笑道：「這才多久妳經常幫奶奶按摩後背，比我久多了，我也沒聽妳說過手臂痠呀。」

一句話，說得我老婆淚光閃閃。

「媽媽，妳實話實說，妳每天幫奶奶揉腰按摩背部，真的不累嗎？」小女兒問道。

「說實話，很累。」我老婆笑了，「但看到妳奶奶很舒服的表情，我心裡很開心。」

小女兒聽後，若有所思地說：「媽媽，以後我每天幫妳按摩背。」

中華傳統美德中首位是仁愛孝悌，孝敬長輩，古人云：「百行德為首，百善孝為先。」孝順父母是人類品德中最重要和占據第一位的品德，也是每個家庭都應該首先傳承的家風。孝順的家風需要每一位父母為自己的孩子做出榜樣，良好的家風才能代代相傳。

我有個開公司的朋友，他不管工作多麼忙，經常打電話給父母噓寒問暖，寄禮物給爸媽，每到假日，他會抽空帶著老婆、孩子去探望父母，幫忙他們做些家事。他經常說，最快樂的事情就是與父母坐在餐桌前邊吃邊聊。

他的兒子八歲，他的言傳身教也在潛移默化的影響著兒子，兒子非常乖巧懂事。每次他和老婆下班回家，兒子就會問他們累不累？倒水給他們喝。

有一次，他的老婆因病住院，而他又在外地出差。放暑假在家的兒子打電話安慰他：「爸，你放心，我會把媽媽照顧好的。」

整整一週時間，他兒子在醫院耐心地照顧著媽媽，用溼毛巾幫媽媽洗臉，去餐廳幫媽媽裝飯，媽媽打點滴時，幫忙叫護士——醫院裡的醫生和護士對他兒子是讚不絕口。

「爸爸，我長大後也要像你們愛爺爺奶奶那樣，愛你和媽媽。」這是兒子經常對他們說的一句話。

孩子既是父母生命的延續，也是愛的延續，他們對待父母的態度，直接受父母對待長輩態度的影響。對於孩子來說，父母的一言一行感染和教育著他，他會不由自主地模仿父母的言行，與此同時，「孝道」會不知不覺地在家庭中流傳下去，好的家風是一種正面行為，好的家風在孩子的成長過程中發揮著不可替代的作用；好的家風是一種無言的教育，能潛移默化、潤物無聲地影響孩子內心的價值觀。

明智的父母，不會不停地告訴孩子如何如何孝敬長輩，而是採取實際行動，用一顆感恩的心來對待自己的父母。

在孩子的心中，父母是他們學習的榜樣，他們總會在無意識中模仿自己父母的行為。當你時刻不忘照顧年邁的父母，抽空與父母共聚同樂，盡一份子女應盡的責任和義務時，他們嘴上不說，卻都記在心裡。久而久之，孩子耳濡目染，潛移默化，也會逐漸養成尊敬長輩、孝敬父母的好習慣。

父母表達愛的方式要心口如一

我說的這種家庭環境，是指來自家人相處的那種溫情的氛圍，是父母用暖暖的愛來烘托出的一種祥和、良善、和諧、溫馨的氛圍，在這種環境中長大的孩子會不但更懂得愛，EQ 也高；在這種環境中長大的孩子不但心態健康，懂得愛自己、愛他人，而且他的人際關係也好。

有一年，我到 M 市講課，得知在 M 市工作的朋友因病住院，就抽空去醫院看他。

我去時，朋友上高中的兒子正拿著便當要離開，看到我進來，禮貌地跟我打招呼：「叔叔好，路上辛苦了。」他說著，把一旁的椅子放在我面前，看到我坐下後，才離開。

朋友的兒子在我們之間是出了名的高 EQ。

他上國中一年級，在班上上到老師、下到學生，沒一個不喜歡他的。他的學業成績在班上屬中等，但班上選班級幹部時，同學們會搶著選他。同學們送他的外號是：暖男。

孩子走後，朋友對我說，這次他生病全靠兒子照顧。原來，他老婆的母親也生病了，老婆去照顧她。兒子那個心細呀，完全是他老婆的翻版，為了幫他做健康餐，還特地向醫生請教過。

整整半個月的時間，朋友的兒子在醫院耐心地照顧著他，用溼毛巾幫他洗臉；扶著他上廁所；看著他打點滴；他晚上哪裡不舒服了，兒子就去叫護士。

朋友欣慰地說：「醫生說我再過兩天就可以出院了。我的病好這麼快，多虧我兒子的耐心護理啊。」

朋友所在的病房、醫院裡的醫生和護士，都對他兒子讚不絕口，問他是如何教育出這麼一個體貼會關心人的好孩子的。

「是呀，我也想問這個問題，你是如何把孩子教育得這麼出色的？」我忍不住說道。

朋友如實說道：「說實話，我和老婆並沒有特地教育兒子怎麼關心人，而且，我們平常工作都忙，感覺對他關心很少。不過，我和老婆在家裡，會向對方表達愛和關心，比如，我加班回來晚了，老婆就問我累不累？並為我泡茶或是幫我按摩；我出差前，老婆為我收拾行囊，囑咐我在外要注意休息，出差回來後，老婆要做好吃的為我接風洗塵……而我也用同樣的方法對待老婆，久而久之，兒子就跟我們學會了這樣的相處方式。」

家是孩子人生中的第一所學校，在這所學校裡，父母相愛的方式，是孩子學習的榜樣，更是孩子學習「愛」的最好場所，父母的相親相愛，以及父母之間的相處之道，能讓孩子從細枝末節之處學到如何去愛，並且在潛移默化中學習如何愛別人和接人待物。

在家庭中，父母若是能夠經常恰到好處地向另一半表達愛，孩子也會耳濡目染，也會加以模仿，向人表達自己的感受。對於孩子來說，家庭的溫情來自於父母真愛情感的展現；孩子的幸福感，來源於父母相愛的程度。父母提供好的家庭氛圍給孩子，足以讓孩子健康快樂地成長。

愛是世界上最美妙的語言，也是最為神聖的。哈佛大學歷時 76 年的研究結果顯示：只要遇到真愛，人生繁盛的機率就會顯著提升。

1938 年，時任哈佛大學衛生系主任的阿列．博克（Arlie Bock）教授開始了一項雄心勃勃的研究計畫，他打算追蹤一批人從青少年到人生終結，關注他們的高低轉折，記錄他們的狀態境遇，點滴不漏，即時記錄，最終將他們的一生轉化為一個答案 —— 什麼樣的人，最可能成為人生贏家。

研究對象是哈佛大學 268 名學生，美籍白人男性，入選標準皆是家境良好、身心健康、儀表堂堂。這就是著名的「格蘭特研究（The Grant Study）」。研究名字緣於最初的贊助者，慈善家威廉．格蘭特（William T. Grant）。如今，這項研究已經持續了整整 76 年，花費超過 2,000 萬美元。

這批人可謂「史上被研究得最透澈的一群白老鼠」，他們經歷了二戰、經濟蕭條、經濟復甦、金融海嘯，他們結婚、離婚、升遷、當選、失敗、東山再起、一蹶不振，有人順利退休安度晚年，有人自毀健康早早去世。

最終，這 268 人裡確實湧現了不少成功人士，迄今有 4 個美國參議員，1 個州長，甚至 1 個美國總統 —— 約翰．甘迺迪（John Fitzgerald Kennedy），不過，甘迺迪的研究檔案早就被政府單獨拿走，預計到 2040 年才有可能解密。

其餘 267 份人生檔案又得出了怎樣的結論呢？

以下因素不太影響「人生成功」：最早猜測的「男子氣概」沒用，智商超過 110 後就不再影響收入水平，家庭的經濟社會地位高低也影響不大，外向內向無所謂，也不是非得有特別高超的社交能力，家族裡有酗酒史和憂鬱史也不是問題。

真正能影響「十項全能」，幫你邁向繁盛人生的，是如下因素：自己不酗酒不吸菸，鍛鍊充足，保持健康體重，以及，童年被愛，共情能力高，青年時能建立親密關係。

如下數據可能會讓你大吃一驚：

與母親關係親密者，一年平均多賺 8.7 萬美元。跟兄弟姐妹相親相愛者，一年平均多賺 5.1 萬美元。

在「親密關係」這項上得分最高的 58 個人，平均年薪是 24.3 萬美元。得分最低的 31 人，則平均年薪沒有超過 10.2 萬美元。只要能在 30 歲前找到「真愛」 —— 無論是真的愛情、友情還是親情，就能大大增加你「人生繁盛」的機率。

為此，瓦利恩特（George Vaillant）說，愛、溫暖和親密關係，會直接影響一個人的「應對機制」。他認為，每個人都會不斷遇到意外和挫折，不同的是每個人採取的應對方法，「近乎瘋狂類」的猜疑恐懼是最差的；稍好一點的是「不夠成熟類」比如消極、易怒；然後是「神經質類」如壓抑、情感抽離；最後是「成熟健康類」如無私、幽默和昇華。

一個活在愛裡的人，在面對挫折時，他可能會選擇拿自己開個玩笑，和朋友一起運動流汗宣洩，接受家人的撫慰和鼓勵……這些「應對方式」，能幫一個人迅速進入健康振奮的良性循環。反之，一個「缺愛」的人，則遇到挫折時往往得不到援手、需要獨自療傷，而酗酒吸菸等常見的「自我療傷方式」，則是早死的主要誘因。

瓦利恩特說:「溫暖親密的關係是美好生活的最重要開場。」當然，並不是每個人都能幸運擁有美好童年，但好消息是，不論你今年幾歲，都有機會「在愛裡獲得重生」。哈佛那批人裡，一個化名卡米爾的入選者直到35歲才第一次知道被別人全心關愛是什麼感受——當時他因肺結核住院14個月，而醫護人員給了他一直渴望的愛與溫暖。

此後，卡米爾從一個自殺未遂的精神官能症患者，變成了一個負責的醫生、丈夫和父親，他的家人、病人、下屬和朋友都很愛他，最終他在82歲時攀登阿爾卑斯山的過程中因心臟病突發去世，許多人出席了他的葬禮，向他致意告別——雖然開場並非最佳，但收尾時確實是段豐盛繁茂的成功人生。

這個研究告訴我們，幸福人生的關鍵在於「愛」！對於孩子來說，父母之間的關係是否和諧、美滿，關係著孩子的成長與人格的塑造。夫妻關係不好，會使孩子缺乏安全感、歸屬感，從而導致心理失衡。

孩子的行事作風，受到父母的影響。家庭好像一個小社會，孩子本能地效仿父母的相處方式。一個父母恩愛、相互尊重的家庭，培養出來的孩子，也將是彬彬有禮、富有愛心的。而且這種家庭長大的孩子，性格活潑開朗、樂觀自信，遇到困難不會退縮，而是採用積極的方式應對。

而生活在父母經常吵架的家庭中的孩子，孩子性格內向自卑，碰到事情消極對待，甚至發展出暴力傾向。比如，一些孩子青春期戀愛、上網成癮、打架鬥毆等不健康的表現，就是因為在家庭裡找不到愛，向外尋求慰藉的表現。

家是避風的港灣，也是充滿溫暖和愛的地方。為了孩子的健康成長，父母就得為孩子打造和諧溫馨的家園。

誠實守信，父母的說比做更重要

在十八世紀，英國有一位有錢的紳士，一天深夜走在回家的路上，被一個蓬頭垢面衣衫襤褸的小男孩攔住了。小男孩請求他買一包火柴。因為紳士沒有零錢，就沒有同意。男孩就央求道：「先生，請您買一包吧，我今天還什麼東西也沒有吃呢」

紳士只好說：「我沒有零錢買。」

「先生，你先拿上火柴，我去幫你換零錢。」男孩說完，拿著紳士給的一個英鎊快步離開，但紳士等了很久，男孩也沒有回來，紳士覺得被騙了，就回家了。

第二天，紳士正在自己的辦公室工作，僕人說來一個男孩要求面見紳士。男孩進來後，自我介紹：「先生，對不起，我哥哥讓我幫您把零錢送來了。」

「你的哥哥呢？」紳士問。「我的哥哥在換完零錢回來找你的

路上被馬車撞成重傷了，在家躺著呢。」小男孩回答。

紳士被小男孩的誠信所感動。就叫小男孩帶著他去看他哥哥。一見紳士，男孩連忙說：「對不起，我沒有按時幫您把零錢送回去，失信了！」

紳士被男孩的誠信深深打動了。當他了解到兩個男孩的父母都雙亡時，便決定把他們生活所需要的一切都承擔起來。

誠實守信的品德是立身之本、做人之道，孔子曰：「人而無信，不知其可也。」培根（Francis Bacon）也說過：「沒有一個罪惡比虛偽和背義更可恥了！」列寧（Vladimir Lenin）也曾說過，發光的東西不一定都是金子。在生活中，正是因為有「誠信」的存在，才使我們更願意相信別人。

一個誠實守信的孩子離不開誠信的父母，父母誠實，孩子就不會撒謊，身教勝過言教。比如：抽菸好賭的父母教育孩子不抽菸、不賭博，對孩子來說自然沒有說服力；自己經常沉迷於網路的父母，是無法說服孩子不上網的。

古人云：「人無信不立。」誠信本身就是道德本源，失去誠信，道德就無法立足，誠信是道德的立足點。因此要重建良好道德，就要從誠信入手。誠信是個人品牌樹立的基礎，是一個人最基礎的道德規範，也是在社會中安身立命的根本，把誠信教育作為人格教育的一部分，培養孩子健全的人格，將會是孩子一生受用的品格和財富，對孩子來說的確非常重要。

幾年前，我去拜訪一位教育界的名人 —— 相交多年的老朋友時，一起陪他到舞蹈班接他八歲的女兒。

他跟女兒約好的時間是下午三點半，正好那天是他女兒八歲的生日。他要帶女兒去國家戲劇院觀看一位有名的鋼琴王子的音樂會，算是送給女兒的生日禮物。

三點半，我們準時來到舞蹈班的學校門口。十分鐘過去了，他女兒仍然沒有出現。我擔心會出什麼事，讓他打電話給學校。他冷靜地說，不會有事的。

果然，五分鐘後，他女兒出現在校門口，看到我們，她像一隻快樂的小鳥飛過來，非常抱歉地說：「爸，叔叔，我失約是因為我的錶慢了十五分鐘。」說完就把錶拿給我們看。

他平靜地對女兒說：「今天不去看音樂會了。」

女兒要哭出來的樣子：「爸，這次是意外，你就原諒我這一次吧。」

「你要為你自己的行為負責，這沒有任何藉口。」朋友說著，往家的方向開去。

我看了看時間，離音樂會開演還有半小時，如果現在過去，完全能趕得上。

在車內，我看著那個眼淚汪汪的可憐女孩，有點心疼，正想勸勸朋友時，他向我們講起他小時候的故事來。

他是家族裡唯一的男孩，從小受到父母及爺爺奶奶叔叔阿姨的寵愛，平常他無論犯什麼錯誤，大人們都會想方設法為他找藉口遮掩。他很享受這樣的愛，漸漸地，他就養成了做任何事情，都沒有責任意識的習慣。

他十歲時，他一個無話不說的好朋友得了重病。轉院的前一天，朋友託人告訴他，讓他明天下午兩點去醫院探望自己。

那時，他隱隱地感覺到，好朋友的病很嚴重，說不定這是最後一次見面了。於是，他決定不管發生什麼事情，都要去醫院探望朋友。那天午睡時，他一再叮囑父母及家人，下午一點鐘準時叫醒他。

等他醒來時，已經兩點多了。原來，家裡人看他睡得香，就不忍心叫他。等他心急如焚地趕到醫院，好朋友剛被車接走。他聽醫院的人說，好朋友為了等他，不顧別人勸說，冒著生命危險多等了他十分鐘，一直對別人說：「他是我最好的朋友，他一定會來看我的。」

可他卻辜負了好朋友對他的信任。

站在醫院裡，他哭了，深深的內疚和自責，像刀子一樣刺穿他的心。讓小小年紀的他痛苦不已。幾天後，他聽到了令他遺憾一生的訊息：好朋友因病去世了。

那一刻，他整個人都麻木、虛脫了。他說，當時都不知道如何用文字來形容恨自己的心情。

這件事對他打擊實在太大了。在很長一段時間，他都沒有辦法走出自責的泥沼。雖然家裡人又想了很多藉口替他解圍，但只有他自己明白，這種藉口是多麼蒼白無力，而且是需要用終生的遺憾為代價的。

他講完故事後說：「為自己的任何行為負責，沒有任何藉口。這既是一個成年人對自己的要求，更是父母從小教給孩子的成長箴言。要想讓孩子有一個美好的童年和燦爛的未來，父母對他最好的教育和愛，就是讓成長中的孩子，為自己說過的話、做過的事負起責任來。也就是說，要誠實守信。」

他的話提醒了我，在多年的教育工作或生活中，我經常會看到一些父母，不但代替孩子做種種事情，甚至當孩子犯下嚴重錯誤時，還為他們找各種藉口。在這種環境下成長起來的孩子，何來誠信？

我這位朋友說：「父母這樣的影響，會讓孩子為自己的錯誤行為、不負責埋下苦果，導致他們受更多的罪。比如，在學業上養成不按時寫作業的壞習慣；參加工作後不認真對待工作的陋習等等。所以，父母要想讓孩子誠實守信，就得讓他直接親身感受到自身錯誤行為所造成的不良後果。」

他的話我很贊成，多年的教育工作讓我發現，孩子是否誠信源於父母。父母如果在日常生活中讓孩子為自己的食言獨自承擔後果，會促使孩子自發改正錯誤行為的好辦法。它既能有效地讓孩子自發糾正自己的錯誤行為，還能培養孩子誠實守信的品格。

「對不起，爸爸不能帶妳去看音樂會了。」朋友轉過頭，看著女兒清澈的大眼睛，說道。

「爸，說對不起的應該是我。你放心，我下次再也不會失約了。」朋友的女兒臉上掛著燦爛的笑。

我笑著問她：「那下次萬一再有意外怎麼辦？」

「我會提前做好各種準備工作的。」這個長相乖巧的女孩，自信滿滿地回答。

她小小年紀就知道怎樣為應付「意外」想辦法了。這才是教育的真正目的。人的本能都是趨利避害的，孩子也是一樣，讓孩子自己承擔後果，嘗到苦頭，下次不用父母說，他自己就會想辦法規避，用正確的方式去做事。正如捷克教育家康米紐斯(Johann Amos Comenius) 所言，犯了錯的人應該承擔後果，讓他們承擔後果可以更好地讓他們不再犯錯。

一個人只有誠實守信，才能得到別人的尊重和信任。對於孩子來說，誠實守信是重要的人格素養，是一個人立足社會的根本，培養孩子具有誠信的品格，遠比讓孩子讀書更重要，這對孩子今後的發展有很大的影響。所以，父母要從小教育孩子守信用、誠實做人的原則。那麼，父母在培養孩子誠信品格時應該怎麼做呢？請見表 2-4：

表 2-4

1 父母要為孩子做誠信的榜樣	在「對自己誠信觀念影響最大的人」的選擇中，有49.9%的調查者選擇的是父母。這說明父母對孩子誠信觀念養成和誠信行為塑造方面有著舉足輕重的地位。所以，父母在日常生活中需要注意自己的一言一行，對自己做到嚴格要求，為孩子提供誠實守信的榜樣。
2 不要對孩子有過高期望和不合理的要求	特別是在孩子的課業成績方面，很多父母望子成龍、望女成鳳心切，經常不顧孩子自身的能力和特點提出過高的要求。若孩子達不到目標，就對孩子各種挖苦、埋怨，甚至拿不喜歡他威脅他。在這種情況下，孩子為了獲得父母的愛，就選擇作弊和作假等方式。父母要想讓孩子誠實守信，就得讓孩子做真實的自己，對孩子提出合理的要求。
3 引導孩子建立正確的價值觀	現代是網路資訊發達的時代，一些不負責任的媒體為了吸引眼球，經常發一些消極的新聞，導致正面的事情遭到質疑。父母要想讓孩子建立正確的價值觀，就得多引導孩子接收積極向上的資訊，來避免孩子因為悲觀失望，而做出弄虛作假的行為。
4 教育機會要把握	孩子在說謊的時候，父母要學會辨別孩子是否在說謊，做到即時的制止和教育，如果孩子屢教不改要做適當的處罰。當孩子說實話、做事情能堅持誠實守信時，父母必須要給予及時的表揚和鼓勵，讓孩子繼續把這種美德發揚下去。

讓孩子獨立，父母既要言傳更要身教

有一次，在我主講的「生命覺醒」的課堂上，有位母親帶著她的兒子來見我。

在此之前她曾經對我說過，她兒子上國小五年級，成績中等，她說：「兒子的老師對我說，他不笨，只要上課專注一些，成績就能進入前十名。可他就是改不了這個壞習慣，不但寫作業時不專心，上課時也總是恍神。可是，他在看電視、玩遊戲、看漫畫書時非常專心。」

當時我請她抽空帶孩子來見我。多年的經驗告訴我，別看父母經常跟孩子待在一起，自以為很了解孩子，對孩子身上的問題看得很透澈。其實，恰恰相反，孩子身上的問題，正是由於父母在生活中不經意的行為才造成的。

這個男孩有點拘謹地站在我面前，我每問他一句話，他都會在認真想過後再回答。

「你快把你的問題講給諸葛老師聽。」這位母親催促他，「諸葛老師是教育專家，跟他見一次面不容易啊。」

男孩對我笑笑，張張嘴，卻沒有說出話來。

「你快說吧，說你為什麼總在課堂上想別的事情？」母親又說。

「讓孩子來說吧。」我暗示她不要打斷孩子的思路。

「好。」母親點頭答應。

「諸葛老師，其實我上課時，前十五分鐘，有好好聽課——」男孩低聲說。

「你大聲一點，老師能聽清楚嗎？」母親又打斷他，「天呀，一堂課四十五分鐘，你只有十五分鐘認真聽課，這怎麼可以。」

「我……」男孩欲言又止。

「你很快就面臨考試了，再這樣下去，是考不上明星高中的。」母親的話題扯得越來越遠，她說話速度又快，我想阻止都來不及。

「這怎麼辦啊？你這個壞毛病能改掉了嗎？快跟老師說吧。」

「嗯。」男孩臉色通紅，「老師接下來講的，我覺得，覺得，是重複的，就——」

「那你也要好好聽課啊。」母親又插嘴了，「老師多重複幾次，是為了讓你記得清楚，都這麼大了，連這些都不知道？」

男孩一時有點窘迫，不敢再說話了。

我知道，如果母親總是這樣插話、打斷男孩，我們的談話是很難進行下去的。於是，我就轉過頭問她：「孩子平常，或是小時候，他在家做事情或玩耍時，你是不是一直這樣跟他說話。隔一陣子去送一些點心給孩子，去翻一翻孩子的作業，幫孩子收拾房間……」

「對呀，不是說孩子需要陪伴嗎？」母親說，「這孩子從小身體不好，他上國小後，我就辭職當起了全職媽媽，照顧著他的飲食起居。我在他面前出現，也是關心他啊。」她說到這裡嘆一口氣，「孩子卻不理解我這個媽媽，還經常嫌我煩。」

「我知道怎麼解決了。我跟孩子單獨談一談，然後再跟您談談。」我支開母親後，男孩健談起來。

男孩說：「我上課不專心聽講，是因為老師總愛講一些與課文內容無關的事情，這些事情會打亂我的思緒，就像媽媽總是在我做事情時，在旁邊朝我指指點點，說三道四一樣。時間長了，我在做事情時，即使媽媽不在身邊，也總忍不住東張西望，沒有辦法安心做事情。」

事後，我在向這位母親講起孩子說的話時，她非常吃驚，說道：「我還以為這樣是為他好，沒想到是我的問題。」

我對她說：「注意力分為『非自主注意（involuntary attention）』和『自主注意（voluntary attention）』，非自主注意是指由於客觀事物吸引了觀察者的注意力，導致隨意地、無需毅力就能把注意力集中在這些事物上。對於孩子來說，漫畫書、電視機之所以能夠牢牢地吸引著孩子，是因為他在整個過程中，是被動接受的。而自主注意是按照自己的目的和意志，把注意力集中在某一事物上；上課聽講、回家作業，都是需要孩子實施自主注意的過程。所以，很多孩子的問題其實是由於『自主注意力』不足引起的。」

聽了我的分析，她恍然大悟，說：「我知道了，我應該在孩子做事情時，不要總是去打擾他，而是留空間給他。」

我點點頭，說：「在孩子讀書早期，讀書的堅持性和注意力的集中程度是有限的，這時父母可以在一旁陪伴，這對孩子是一種支持。不過，父母不要在旁邊盯著孩子的一舉一動，或者對他的課業評頭論足。最好在旁邊專心做自己的事情，樹立一個專心做事的榜樣給孩子，不要總對孩子說話，為孩子創造一個安靜的學習環境。」

她聽後連連點頭。

義大利教育家蒙特梭利（Maria Montessori）說：「教育首先要引導孩子沿著獨立的道路前進。」美國教育家羅伯特博士也曾經提出，現代孩子教育有十大目標，其中最重要的便是獨立性。

一個孩子要想在長大後成就一番事業，就必須具備獨立性。一般來說，獨立的基礎包括如下，見圖 2-5：

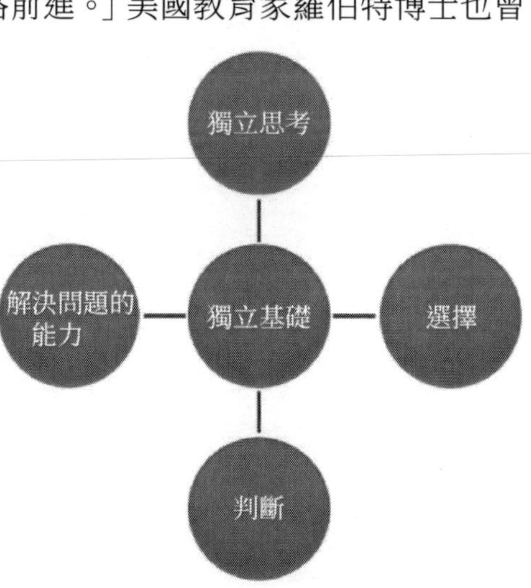

圖 2-5

不過，父母在培養孩子的獨立意識時，不能操之過急。而是學會放手，讓他慢慢來。對於孩子力所能及的事情，嘗試給他獨立的機會，無論孩子做的結果如何，只要孩子付出了努力，父母就得給予及時的認可和讚許，讓孩子的獨立性得到肯定和加強。

除此以外，父母要想讓孩子養成專心做事的習慣，必須先管住自己，以身作則，先從自己做起，比如，你在做一件事時，要從頭到尾好地完成一件事，而不是想到什麼就做什麼；當孩子專心做事時，你要耐心地陪伴，這樣才有助於他養成專心做事的好習慣。

我想起我小時候，無論我做什麼事情，父親總會跟我商定時間。並且在我做事的這段時間裡，他是絕不會打擾我的。

有一次，我跟著父親去市區，他要去辦事。辦完事情後，他看天色還早，就答應我，送我去書店看書。把我送到書店後，他就對我說：「我不打擾你看書了，十五分鐘後來接你。」然後就到書店附近去逛了。

於是，這十五分鐘就是我獨立支配的時間，在這個時間段，我會專注地看書。

我前面一再強調，孩子是一個獨立的個體，和我們成年人一樣，也需要有機會來自己做決定，這樣能鍛鍊自己的決策能力，體會自主選擇的快樂。所以，無論父母對他多麼不放心，也不能干涉他。只有當父母給孩子充分的選擇權時，才能培養好孩子的決斷能力。

優秀的父母，在教育孩子過程中，會留給孩子一定的空間，讓他鍛鍊自己的獨立能力和應對生活變化的能力。而當一個孩子得到充分鍛鍊後，獨立性得到成長，他就會有信心去處理生活中的各種問題，坦然面對生活中的風雨和挑戰，從而更好地立足於社會。

父母的教育方式，影響孩子的性格

我有個同事，從事家庭教育工作多年，令他感觸最深的就是，父母對孩子進行教育時，要恩威並濟，這裡所說的恩，是愛護、關心孩子，用一顆愛心為孩子經營一個溫馨的家庭。

他說的威，並不是父母要像「狼」爸「虎」媽那樣，對孩子進行「棍棒」教育，讓孩子不敢犯一點錯，或是一見到你就怕得不行。這個威是教育孩子要有原則，有底線，能讓孩子心服口服，發自內心的佩服你。

同事出生在一個知識分子的家庭，父親是公務員，母親是報社的編輯。同事和弟弟是雙胞胎，兄弟兩個從有記憶起，父親從來沒有打過他們，甚至連大聲喝斥也沒有。但他們就是懼怕父親。

相比於父親，母親對他們的教育就很嚴厲。他們一犯錯就懲罰，有時候會苦口婆心地罵他們一個小時。

弟弟性格溫和，很聽話，平常不怎麼犯錯。但因為他和同事長得太像，有時連父母也分不清他們誰是哥哥，誰是弟弟。同事與弟弟性格正好相反，活潑調皮，一天中沒有閒下來的時候，每到週末，他會帶著一幫朋友惹事生非。回來後，同事為了逃避母親的責罰，會裝成弟弟的樣子，溫溫順順的，讓母親無法辨認，很多時候，還讓弟弟代替他無辜挨打。

對於同事的調皮，他母親真是傷透了腦筋。

有一次，我這位同事又被人告狀到家裡。這次恰好母親在外出差，由父親對他進行教育。

他一向懼怕父親，回家前想了很多辦法，最後用十塊零用錢，連帶著嚇、哄買通了弟弟，讓弟弟代替他挨父親的罰。

回家後，父親並沒有像母親那樣，不分青紅皂白地追著他們打。而是拿出蘋果和桃子來，叫他們洗過後再吃。

他一向喜歡吃桃子，正好在外玩了一天也餓了，就興沖沖地拿起桃子去洗。他洗好後，從廚房出來時，父親叫著他的名字，讓他到書房來。

他當時就懵了，再次對父親的智慧佩服得五體投地，原來，父親是用這些水果來分辨他和弟弟的。誰叫自己嘴饞呢？他只好硬著頭皮進了父親的書房。

「你先把這個桃子吃了。」父親微笑著說，「這個桃子是對你的獎勵，你一回家不休息，就主動去洗桃子。」

他受寵若驚，看父親說得很認真，就吃了起來。吃完桃子，他在徵求父親的同意後，把桃核扔到了外面的垃圾桶裡。

「你很自發。」父親說，「沒有像以前那樣隨手亂丟。這種行為也需要獎勵，這個削鉛筆機給你。」

他驚喜地睜大了眼睛，要知道，昨天他還因為想要弟弟的削鉛筆機而爭吵呢。

他小心地接過削鉛筆機，忍不住說：「爸，謝謝你。」

父親說：「你向我說謝謝，很懂禮貌，這也需要獎勵。」說著父親又拿出一枝鉛筆。這也是他需要的。

他卻沒有要鉛筆，父親對他這麼好，他心裡有點不安，如實承認錯誤：「爸，我今天犯了大錯。」

父親把鉛筆放在他手上，說：「誰都會犯錯，你說，是什麼錯，我們該怎麼補救。」

父親這種為他想好了處理錯誤後果的做法，再次令他感動。他不再像以前在母親面前那樣，死都不說了。而是把事情一五一十地講了出來。

他的朋友中，有一個夥伴剛從外地來這座城市不久，他們住在蛋白區，父母是賣菜的。這個朋友有一個姐姐，長得很漂

亮，每天一放學就幫父母顧攤，他們旁邊是賣魚的，店主是個中年男子，當地人，他一有空，就摸朋友的姐姐的臉，調戲她。

朋友的父母本分老實，又不敢得罪當地人，一直不敢聲張。

為了替朋友的姐姐出氣，他帶著朋友們把那個中年男子的魚偷偷藏了起來，等菜市場關門時，拿出來還給他時被發現，讓中年男了氣憤的是，那些魚全臭了。

父親聽後，說：「這件事情，錯不完全在你們。賣魚的是大人，不能欺負小女孩。」

「爸，你說得太對了。」他被父親的話說到心裡去了，他興奮地說，「爸，原來你也是一個路見不平拔刀相助的英雄啊。」

「不過，你們把他的魚偷走弄死，讓他損失那麼嚴重，這也不妥。」父親不慍不火地說，「我想問一下，你們這樣做是為了什麼。」

「就是想警告他，要是敢再對女孩動手動腳，他的魚每天都會莫名其妙地不見、死去。我倒想看看，他是要色，還是要財。」他得意地說。

「現在的問題是，你們非但沒有達到目的，還要為此承擔後果。」父親鄭重地說，「我有個辦法，等等帶你去向人家道歉，再賠錢給他。」

他生氣地說：「他那麼壞，憑什麼要賠他錢。」

「為你犯錯的後果負責。」父親說，「這些錢，我每月會從你的零用錢裡扣出 5 元來。一共賠人家 500 元。你十年才能還清。每月扣你錢時，你正好也反省一下。」

他對父親的懲罰方式非常滿意，他老實地服從著。

那天，在那個魚販家中，他本來想當著魚販家人的面，把對方的醜事說出來。魚販早有預料，當他和父親進去後，魚販把他拉到一邊，小聲說：「別當著我家人說那些事。我以後不會再招惹那小女孩了。」

他趁機據理力爭，把 500 元的賠償金降到了 400 元。

「記住，以後在幫助別人時，不要動武，這樣只會帶給自己和他人雙重損失。」回來的路上，父親說，「你可以把這些事情告訴大人。」

「可她父母也不敢惹他們啊。」他無可奈何地說。

父親想了想，說道：「總之，你這件事不能說做得完全不對。但再遇到類似的事情，要動腦子，深思熟慮。否則，這些麻煩會接踵而來的。」

他點點頭。

奇怪的是，從那以後，我的同事再沒有犯過這樣的錯誤。

同事對我說，他非常佩服父親這種理智的教育方式，這個威有原則，那就是，雖然父親沒有順著他的習性，也沒有跟他

講很多大道理，卻讓他心悅誠服地意識到了自己的錯誤。

教育孩子，父母要想做到恩威並濟，就得掌握分寸，這個分寸就是：當孩子意識到自己的錯誤，答應改正時，你除了對他進行精神激勵外，也可以適當地給予物質的獎勵；「威」是讓他意識到自己所犯錯的嚴重性後，要心甘情願地接受你對他的嚴厲懲罰。當然，你在運用這種教育方法時，要充分了解孩子的性格，針對他的實際情況，來拿捏恩、威的獎勵和懲罰尺度，這樣才能取得良好的效果。

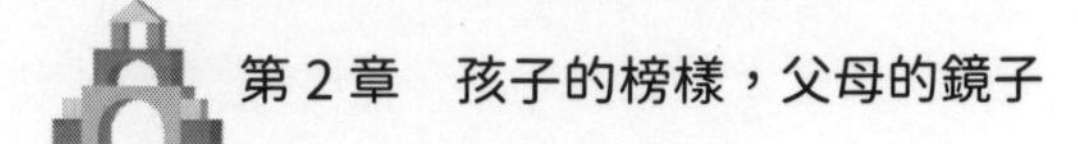

第 3 章

習慣決定人生，

好習慣來自有原則的愛

父母愛孩子無條件，但要有原則

當我做了父母後，我看到孩子變得越來越懂事，感到十分欣慰，心裡對孩子那個愛啊，真的是沒有辦法用語言來形容的；可一旦孩子不聽話時，因為生氣，我在衝動之餘，都有動手打孩子的念頭。自從我接觸教育後，我深深地體會到，合格的父母對孩子的愛是要始終如一的，同時要讓孩子明白，不管他有哪些缺點，不管他做了什麼事，不管他犯了什麼錯，父母都會永遠愛他，要讓孩子知道，父母愛他是無條件的，但要有原則。

那麼，什麼才是「有原則的愛」呢？

就是讓孩子養成好習慣。俗話說，習慣決定命運。習慣如同一把雙刃劍，有好的一面，也有壞的一面。好的習慣能造就一個人才，好的習慣會讓孩子終生受益。

女兒上國小時，因為有爺爺奶奶、外婆外公寵著，漸漸地讓她養成了嬌貴、懶惰的壞習慣。為了讓她改掉這個壞習慣，我和老婆平常會有意無意地鍛鍊她的動手能力，讓她學著做各種事情。有時，我會和她一起在陽臺的花盆裡種一些菜。等菜成熟了，我老婆會跟她一起摘下來、洗一洗，然後炒成菜讓她吃。

在餐桌上，我和老婆會對她說：「這是妳的勞動成果，好好地品嘗。」

有一次，老婆帶著小女兒去親戚家，家裡只留下我和大女

兒。下午時，有位朋友打來電話，說他因病住院，讓我去送點錢。

因當時過於匆忙，我走的時候沒帶手機，到醫院後，事情太多，直到晚上，我才打了一個電話給女兒。她著急地問我：「爸爸，你下午也不打個電話，我都擔心死了。」

聽了到她的話，我突然感到很欣慰，本來我還擔心她一個人在家不適應呢。我問她：「晚飯吃什麼？」

她說：「我洗好了菜，就等著你回來，我再煮飯呢。」

那一次，我在醫院照顧了朋友三天，女兒得知我回家，就特地煮了幾道我愛吃的菜。

我女兒上國中時，有一次她放學回家後，把自己關在房間裡。老婆很著急，想進去勸勸她。但依我對她的了解，有些事情，如果她不願意講出來，你越問她，她越隻字不提。

碰到這種時候，我覺得要耐心地等待她想通事情，她願意講時再聽她講。

果然，飯後，女兒小聲地問我們：「爸爸，媽媽，我想和你們說一件事情，可以嗎？」

我和老婆對視一下，異口同聲地說道：「當然可以，說吧。」

女兒問我們：「女孩子是不是天生是軟弱的，要靠男孩來拯救？」

我搖搖頭，鄭重地說：「在這個世界上，救我們的只有自己。有時候，連父母也救不了妳。」又問她：「妳怎麼突然問起這個問題了？」

女兒說：「我的同學特別可憐，她的父親罹癌去世後，她母親沒有工作，家裡生活十分拮据。同學對我說，將來要找一個有錢男人結婚，這樣她和母親的生活就有保障了。」

我耐心地聽著。說實話，對於女兒講的這件事，我無法用三言兩語來向她解釋清楚，因為許多事情，只有當事人才有充分的解釋權力。我就對她說：「生活中，只有靠自己，才能活得更好。」

對於我們來說，一個人最大的敵人就是自己。父母要想培養孩子樂觀自強的性格，首先就得讓他相信自己的能力，只有這樣，他才能樂觀地面對生活，不會因為突然出現的意外變故，表現出退縮、無助。

父母只有讓孩子變得自強，他才能在遇到生活中的挫折時，不會消極地尋找別人的肩膀、懷抱。而是變得更加堅強，想盡一切辦法征服挫折和失敗。因為他知道，一切幸福全靠自己來爭取。

那天，我向女兒講起了親戚的故事：

我有個親戚，經商賺錢後，拋下妻小，與另一個年輕漂亮的女子結婚。他妻子無法忍受這樣的打擊，留下十二歲的女兒

和九歲的兒子自殺了。

多年後，姐弟兩個靠著親戚的接濟、撿回收換來的錢完成了大學學業。現在姐姐在某銀行當值班經理，弟弟創辦了自己的公司。

前幾天，這位姐姐來我家，她回憶往事時，沉痛地說道：「那段日子，是弟弟的一句話，讓我堅定了活下來的決心。弟弟問我，『沒有爸爸的錢，我們可以自己賺嗎？』」

從那以後，遠離富足生活的姐弟二人，開始了自立自強的生活。他們自己學著做簡單的飯菜，課餘時間撿回收，或是幫鄰居、親戚做力所能及的事。

在辛苦的勞動過程中，她認識了很多善良的人，他們不時地幫她和弟弟介紹工作做。貧困的生活，讓她對數字特別敏感。因此數學成績竟然很好。

她上高中時，在鄰居的幫助下，她負責社區裡的衛生，每天早上和弟弟打掃環境。一個月能領到一些錢。

她說：「那時的日子，我和弟弟的日子，既辛苦又充實。但我們過得很快樂，我心裡明白，一個人，只有要靠自己，才能讓自己和家人活得很好。」

我講完後，問女兒：「聽了這個故事，你還覺得你同學是最不幸的人嗎？」

女兒搖搖頭，說道：「起碼我的同學還有媽媽。」

我說道：「當我們面臨一切不平常的危急困難時，只有勇敢和堅強才能拯救自己，任何外力的相助，只是一時的。」

女兒說：「現在我也明白了，一切還得靠自己來解決。」

一個人的習慣可以看出一個人的品行和內涵，什麼樣的習慣決定什麼樣的人生。好習慣是決定人生是否成功的重要因素之一，一個人具備良好的習慣，對他的一生都會有所幫助。但是好習慣不是一天就可以形成的。有人說，養成一個壞習慣，只需要三天的時間，而養成一個好習慣，卻需要二十一天的時間。這句話中的時間並沒有科學依據，但是只要父母堅持不懈地培養，就能夠讓孩子的行為規範起來，讓孩子擁有一個好習慣。

每位家長身上都蘊藏著改變孩子命運的神奇力量。正是這種神奇的力量，讓不同的家庭，培養出了不同的孩子。所以，父母在孩子懂事以後，在愛他的同時，一定要堅持不懈地培養，規範孩子的行為。

不拖延的孩子背後，通常有不「妥協」的父母

有位母親在聽過我的課後，特地來找我，愁眉苦臉地對我說：「老師，我女兒今年上小學，最大的特點就是做什麼事都愛丟三落四。上學時把課本落家裡，叫我幫她送過去；寫作業時，

越是簡單的題越會錯。我念過她很多次，她就是改不了。」

我說：「辦法很簡單，就是讓她為自己的壞習慣付出代價。」看著她一臉疑惑，我跟她講起我女兒的故事來。

我的大女兒上國小時，有一個怎麼也改不了的壞習慣，就是做什麼事情都是丟三落四。最常見的壞習慣是愛忘記拿家裡鑰匙，要嘛忘在家裡忘記帶，要嘛丟在學校忘記拿回來。為此，我們多次提醒她，出門前或是放學前，要事先把鑰匙放書包裡。我老婆更是特別監督過她幾次，可是效果不好。

最嚴重的一次，她竟然開門後忘記拔鑰匙。

那段時間，老婆恰好在外地出差，我工作也很忙，小女兒住在我父母家。有一天晚上我回家時，發現大門上掛著她開門後沒有拔下的鑰匙。我進門後，對她進行了嚴肅的說教和嚴厲的教育，她卻不以為然，依然像以前一樣說下次一定會改。

但這一次，我意識到了事情的嚴重性，想到萬一那天我太晚回家，只有孩子在家，壞人進來怎麼辦？我越想越怕。

可無論我怎麼說，她似乎沒有意識到這些問題。那晚我回到自己房間，想了好長時間，可是仍然想不出有什麼好方法，才能讓孩子改掉這粗心大意的壞習慣。

那幾天社區裡的電梯故障，都在維修中，所以大家只好走樓梯。

一天早上，她到樓下後發現忘記帶鑰匙了，就打電話給我，讓我想辦法把鑰匙從樓上丟給她，她還自作聰明地向我講了兩個解決方案：

一是讓我從窗戶丟給她，但考慮到窗外是樹和草坪，又擔心鑰匙不好找。

接著他又不好意思地提出第二種方案，叫我幫她送到樓下去。她還小大人似地說：「爸爸，你工作那麼忙，正好早點去公司，順便幫我把鑰匙送下來。豈不是兩全其美。」

其實，我那天也想早點去公司，我剛要答應時，心中有個聲音對我說：「為什麼不藉這次機會，讓她親自跑上樓來拿一趟呢。好讓她為自己丟三落四的壞習慣負責。」

想到這裡，我就對她說：「我現在還沒有要去公司，有些事情還沒有處理，妳自己上樓來拿鑰匙吧。」

「爸爸，你有沒有搞錯？ 23 樓啊，我再爬樓梯上一次，再下一次，我上學不就遲到了嗎？而且，我們今天要考數學呢 ——」她在電話那頭大呼小叫。

「妳不想拿也行，晚上妳放學回來後就在家門口等我吧。」我說完趕忙掛了電話，擔心被她動搖。

她下午四點多放學，我下班回家都八點以後，像她這種喜歡宅在家裡讀書的孩子，在門口等四個多小時，她是不會同意的。

果然，過了沒多久，我聽到敲門聲，開門一看，她氣喘吁

吁地回來了，滿頭大汗，跑到她房間桌上，拿起鑰匙就往門口跑，中途又停下，看了看鑰匙，確定沒拿錯時，才放心地走出門。

那晚我回家前，還有點擔心，想她是不是考試遲到被老師罵了。沒想到我一進門，她就高興地迎上來，說：「爸，這次數學小考，我考了滿分。老師還表揚了我呢。」

我問：「妳沒有遲到？」

「沒有啊。」她得意地說，「我是走小路並且一路小跑著去學校的，以前我是邊走邊玩。」

我們社區離她的學校不是太遠，而且走小路很近。但她從來不走小路，嫌路太擠。

「爸，我這次能考一百分，還得感謝你呢。」她說「以前我考試時對簡單的題目看也不看就去寫，等寫完了再檢查。而我又粗心，檢查也檢查不出問題，不如寫慢點，寫認真一點。所以，我這次考試雖然沒有像以前那樣，早早寫完檢查後交卷去玩，但還是在交卷前十分鐘寫完了。」

看她那麼高興，我心中感嘆道，其實，在讓孩子改掉壞習慣這方面，孩子想改的心情與父母想讓他改掉是一致的。

對於孩子的問題，父母的責備和督促都是沒有用的，要想讓他自己真正意識到粗心帶來的後果，就得先讓他體會到粗心大意帶來的損失，他才有可能改掉。所以，父母要想讓孩子不拖延，需要讓他獨自解決因拖延造成的問題，在這一點上，父母一定要做到不「妥協」。

孩子不是完人，有很多缺點和壞習慣，有時候他在心理上也反感自己的一些缺點的，但必定受自制力影響，無法改掉。這時，就需要父母想辦法幫助他改掉了。等他改掉這些壞習慣後，說不定還在心裡感謝你呢。

孩子的「乖」，取決於父母的不遷就

有位母親在網路上向我訴苦，說她的女兒都上高中了，還經常把零食當飯吃，因為零食沒有營養，導致身體越來越差，常常請病假。

「諸葛老師，我真的是煩死了，您說這種愛吃零食的壞習慣，怎麼樣才能戒掉啊？」

我對她說，孩子的所有壞習慣，大多是父母的原因。從一定程度上講，孩子的飲食習慣，不管是好是壞，也是由父母養成的，根源在我們自己身上。想想看，在生活中，當孩子向我們提出買零食時，我們起初是堅絕不答應，但當孩子一再堅持時，我們就嫌麻煩，就買給孩子了；更為重要的是，在讓孩子吃零食時，也不想辦法制約他。比如，他想吃多少吃多少，想什麼時候吃什麼時候吃，甚至於在飯前都吃，導致孩子吃飯時

吃不多。而當孩子餓了時，不管什麼時候，父母都會趕緊準備吃的給孩子。這樣一來，父母就會縱容孩子的壞習慣。

有一年假期，我和老婆帶著女兒去北部遊玩。晚上，當地的親戚，請我們在一間餐廳吃飯。

菜上齊後，親戚七歲的女兒看著一桌色香味俱全的菜餚，突然哭了起來。我和老婆以為她餓了，或是桌上的菜沒有她愛吃的。就連忙叫來服務員，準備按照她的口味加菜。

然而，讓我們都沒有想到的是，她愛吃的菜竟然是薯條和洋芋片。

不管我們怎麼勸，她都不理睬，只是邊哭邊把手指向門口，叫親戚幫她去買，那委屈的樣子，看著令人心疼。

眼看著一桌菜要涼了，她還在那裡哭。親戚很生氣，就對我們說：「別管她，我們先吃，等吃完了再去買給她——」

他這句話還沒有說完，她哭得更厲害了，聲音很吵，以至於鄰桌的客人都扭過頭看我們這一桌。

「我真替妳感到丟臉。」我八歲的大女兒小聲地數落她，「妳不知道吃薯條對身體不好啊？」

「妹妹還小呢。」我和老婆連忙制止女兒。

「我就要，就要吃薯條、洋芋片。」她尖細的哭聲招來附近桌上客人不滿的眼光，我看到親戚的臉一下子就紅了。

親戚把服務員叫過來，請她幫忙到附近買薯條。

薯條買回來後，親戚的女兒立刻破涕為笑。親戚在撕包裝時，我女兒來到妹妹旁邊，說：「我們玩個遊戲好不好？妳贏了，我明天帶妳去吃薯條和洋芋片；妳輸了，以後不能再吃這些不健康的零食了。」

見女兒在為難妹妹，我老婆很生氣，正要教訓她時，我向老婆和親戚使個眼色。對妹妹說：「妳可以答應跟姐姐玩遊戲，如果她輸了，妳就叫她用她的零用錢買妳愛吃的東西。」

「好吧。」妹妹邊吃洋芋片邊點頭答應。

「現在妳吃完這些零食後，晚上餓了不能再吃飯。」女兒說，「再餓也要等到明天早上。」

「要是等不到呢？」妹妹調皮地問。

「妳等不到明天早上，就輸了，以後就不能再吃零食。」女兒像大人一樣鄭重其事地說，「妳要是能等到明天早上，算妳贏，妳想吃什麼，我就買給妳。」

「好。我晚上餓了也不吃東西。」妹妹邊吃邊答應下來。

吃過晚飯後，親戚開車送我們回飯店。在路上，女兒一再叮囑妹妹，一定要遵守她們之間的約定，並請親戚來監督。

下車前，女兒和妹妹還打勾勾。

第二天一大早，我就接到親戚的電話，響起妹妹的聲音。

「爸，是找我的吧。」女兒好像早有準備。

「我找姐姐。」聽著電話裡那稚嫩的聲音，我笑了，心想，這兩個小孩子真是心有靈犀啊。

「好，妳過來吧。妳想吃什麼，我買給妳。」我聽到女兒說這句話時，就猜出妹妹之所以起這麼早，是因為她贏了。

「妳輸了？」女兒放下電話，我就問道。

「其實是我贏了。」女兒得意地說，「妹妹說她昨晚回家後餓了想吃飯，她爸媽看她可憐，想熱點飯給她吃，她沒有答應。」

「哈哈，看來妳存的零用錢派上用場了。」我邊說邊從錢包裡拿出女兒存的錢

我深知女孩花錢的習慣，現在她好不容易贏一次，自然會叫女兒多幫她買些吃的。

「不用了。」女兒信心滿滿地說，「我猜妹妹是想叫我請她吃早餐，這早餐不是包子就是油條。」

果然，親戚帶著他女兒找到我們時，無可奈何地對我說，昨晚女兒餓得一夜無眠，一大早就跑到他們房間打電話給我們。

那天吃早餐時，這位妹妹喝了豆漿、吃了兩個包子，外加一個雞蛋。

「姐姐，我現在覺得其他食物都沒有這些好吃。」妹妹說完，和我女兒相視一笑。

事後，我誇女兒這件事做得對時，她笑著說：「老爸，這是你的功勞吧，你忘了你是怎麼讓我告別零食的了？」

女兒的話，讓我想起一件事情。原來，在這之前，我女兒也是吃零食上癮，經常是把零食當飯吃，我和老婆屢勸不聽。後來，我就跟她規定：吃零食沒關係，但無論多餓，不到吃飯時間，絕不會幫她加餐。

記得第一次實行時，也是一個晚上，我和老婆沒有留一點剩飯，零食也鎖在了櫃子裡。不管女兒怎麼哭鬧，就是不讓她吃。那天晚上，她只能在半夜起床喝水充飢。

第二天，她很早就起床了，早餐吃了雞蛋、喝了粥，還外加一杯牛奶，這些食物，她平常是從來不吃的。

父母要想讓孩子養成良好的飲食習慣，必須和他們制定規則，並且在實施時要「狠」一點。讓他適當地體驗一下「餓」的感受，這樣會讓他把挑食的壞毛病都改掉。其實，不光是在飲食方面，在讓孩子改掉其他壞習慣時，也需要父母做到不遷就。當父母變得「狠」一點時，孩子就會變得「乖」起來的。

孩子的讀書習慣，源自父母的耐心陪伴

我有個 80 後的學員，他有一個上國小二年級的女兒。平常他和老婆因為忙著各自的工作，就把孩子交給雙方的父母來帶。

他對我說，女兒在學校表現不好，為此，他和老婆還被女兒老師叫去談話，老師說他們的女兒讀書習慣非常不好，在課堂上寫字時，堅持不到 10 分鐘；還有，他女兒記憶力不好，學過的內容很快就忘掉。

他認為老師的評價有點危言聳聽。他說女兒很聰明，上小學前能背很多首唐詩、一百以內的加減法都會做，舞蹈和鋼琴也學得不錯。不知道為什麼，上小學後，成績糟糕極了，每次考試，都是班上倒數。

「我女兒以前很快樂，可能是在學校表現得不好總被罵吧。現在女兒變得沉默寡言起來。本來，我和她媽媽對她的教育就是，只要她身體健康、快樂就好，成績好不好其次。可是沒有想到，女兒卻不快樂了。」他說，「為了女兒的教育問題，我和老婆的關係也不好了。經常相互指責對方。」

聽了他的講述，我提出讓他有空把她女兒帶過來。他聽完連連擺手，說：「女兒可能來不了，週一到週五要上課，週末要輪流去爺爺奶奶外婆外公家。」

「週末，你們也不陪陪孩子？」我問。

「哪有時間啊。」他有點不好意思地說，「我和老婆都有各自的交友圈，週末比上班時間還忙呢。」

「那孩子是在爺爺或外婆家寫作業？」我問。

「寫作業？」他一臉困惑，「應該不會，長輩們很疼孩子，週

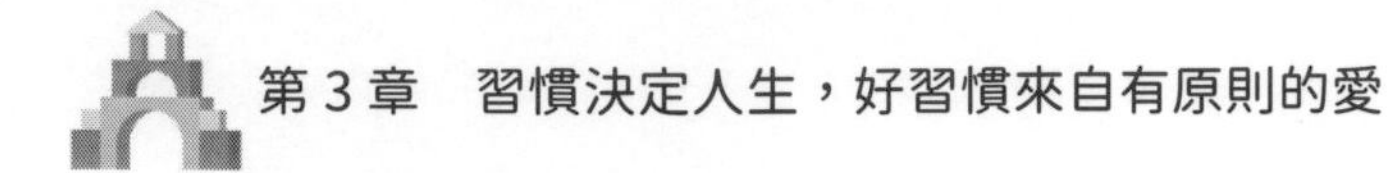

末會帶孩子去遊樂園的。每天都玩到很晚才回家。」

「問題就出在這裡。」我分析道，向他講起我之前遇到過的一件事情。

我有個朋友，是某培訓班的老師，他的學生是一對一輔導。最一開始的時候，這種教育模式進行得非常好，可是一段時間後，問題出來了，經常是孩子週一到週五學得很好，過完週末後，也就是到了下週一時，他們學的東西全忘了。他們說這是 5+2=0 的模式。

我講到這裡，他若有所思地問：「5+2=0？這是什麼意思？」

我說：「意思是孩子在學校或者幼稚園 5 天進步的各種能力，週末 2 天就退步回去了。」

「為什麼會這樣？」她問。

我說：「是因為習慣啊。現在的孩子，大多是由爺爺奶奶來帶，缺少父母的陪伴，而爺爺奶奶又寵愛孩子，嫌他們寫作業累，自然不去管。」

他沉默了。我接著說：「對於孩子來說，良好的讀書習慣，越早培養越好，一般來說，孩子上三年級以前，是培養好習慣的最好階段。這個階段，父母要給予耐心地陪伴。比如，你可以在孩子做作業的時候靜靜的陪在她身邊，盡可能幫助孩子解決各式各樣的問題，當你融入到孩子的習慣之中時，孩子好的讀書習慣也就養成了。」

他聽後，高興地說：「看來那我現在幫助孩子，還來得及呢。」

我說：「當然了。但你要堅持下去。讓孩子養成良好的習慣，父母的堅持是最重要的。」說著，我向她講起我們孩子小時候的事情：

我記得我的大女兒剛上國小時，正是我事業的發展期，我和老婆無論多忙，都會輪流接送孩子、陪伴孩子寫作業。我在陪伴她時，會規定她放學回家第一件事，就是先寫完作業，只有把作業寫完了，才能做其他的事情。同時要求她，寫完作業休息過後，再把老師第二天要講的課程預習一下。起初她總是推拖，我就在一旁鼓勵、監督她。

一段時間後，孩子這個習慣就養成了。一直到現在，還保持著這個習慣。就連在假期裡，她也保持著這個好習慣，每天計劃著寫多少作業，不寫完就不休息。

記得有一年除夕，除夕節目快開始了，可她仍待在自己房間不出來。我和老婆對她說，過節這幾天，就好好玩，不要讀書了。

她卻說：「不行啊，我要是不把一天中要寫的作業寫完，做什麼都不安心。」

他聽完笑了起來。我說這就是孩子養成習慣的好處。而這種好習慣會一直陪著他，無論他在學習或是在以後的工作中，都會讓他養成高效率做事情的習慣。所以，父母要想讓孩子養成良好的讀書習慣，就得幫助他學會控制干擾，訓練他們高度的專注能力。

幫孩子建立起清楚的時間概念，讓他學會管理時間

我的實習助理大學畢業不到三個月，但他的高效率工作的能力令我驚嘆不已。同樣的事情，我交給他做，與交給其他人做，結果是完全不一樣的，他能夠在短時間就把事情完成得一絲不苟。

更重要的是，別人花一天或兩天做好的事情，他半天就搞定了。

有一次，我帶著他到外地講課。在車上，他並沒有像其他人那樣，手和眼睛離不開手機。而是低著頭，在紙上專注地畫著什麼。

「你在畫窗外的風景嗎？」我問。

「沒有，我在記錄今天做的事情。」他笑著說。

「你記這些有什麼用？」我有些驚訝地問。

「有用啊。」他娓娓道來，「把每天所做的事情，花費多少時間記下來後，如果下次再遇到類似的事情，就知道怎麼做更快

了。工作第一個月，我根據自己的紀錄做過總結，發現每天的工作雖然是在重複，但如果稍加改進，同樣的事情，第二天能比第一天花的時間少，並且還能做得更好。以此類推做下去，一個月下來，我會在工作中省下很多時間，再利用這些時間充電。哇，這會讓我的工作越做越順手，越做越高效率，工作的樂趣也就出現了。」

聽了他的話，我讚嘆不已：「這個方法你堅持多長時間了？」

「15 年了。」他笑著說，「我從 8 歲時開始，一直到今天，沒有一天偷過懶。我覺得這樣做，能對時間的支配情況有據依，能改進不良的時間分配，從而總結出適合自己的時間管理方法。」

「8 歲，你才上國小二年級，就學會時間管理了。」我嘖嘖讚嘆，「自發能力夠強的，難怪你能一路順利地考上頂尖大學。」

「我小時候可沒有這麼自發哦。」他有點不好意思地說。接著，他向我講起他小時候的事情。

他剛上國小時，和其他同齡的男孩一樣，調皮淘氣不愛讀書。有很多次，他因為無法按時完成作業，老師還把父母叫到學校去談話。

最開始，父母用了各種方法讓他寫作業，這些方法有獎勵、有懲罰。可是他軟硬不吃，該不寫作業仍然不寫作業。後來，母親細細地觀察他後，終於找到了他無法按時完成作業的根源。

「我一寫作業，時間就變得超慢。」有一次，他向母親這麼訴苦，「寫作業時，我害怕寫不完，在寫數學時想著國文，在寫國文作業時，我又會想著看漫畫書，想跟朋友出去玩。寫著寫著那些題目就變難了，就不想寫了。然後就吃晚飯，吃了晚飯後，我繼續寫作業，又會想到看卡通的時間到了，可是我的作業怎麼還沒有寫完啊。」

聽了他的話，母親才發現，並不是孩子不想寫作業，而是確實「能力」有限。他雖然是個孩子，但他也不想總在學校被老師責罵，他也要面子，不想在學校被老師當眾懲罰，在家裡被父母訓斥啊。

想到這裡，母親沒有說什麼，而是幫他制定了一個時間表。這個時間表上明確地規定：寫數學必須在 30 分鐘內完成；完成後休息 10 分鐘，再寫國文作業，寫國文作業要在 40 分鐘內完成。完成作業後，剩下的時間讓他自由分配，他可以看動畫或是漫畫書，或是去找朋友玩。

母親一邊叫他貼在桌子上，一邊嚴肅地對他說：「你要記住，每天按這個表把作業寫完，再去做其他事情。到時我會監督你。如果規定的時間到了，就不允許你再寫作業。如果你不怕同學取笑，就去學校接受老師的懲罰吧。」

第一天按時間表寫作業時，有好幾次，他想像以前那樣以口渴或是上廁所為由，逃避寫作業，可看到媽媽放在他桌上的鬧鐘時，他就警覺起來，想到萬一到了規定的時間沒寫完作業，明天豈不又要挨老師的罵，被同學們嘲笑。

在經歷一番天人交戰後，他終於在規定的時間內完成了作業。這一次「勝利」，不但得到了父母的表揚，他還有充足的時間做自己喜歡的事情了。

「你真是一個有時間觀念的孩子。」父親誇他。他高興極了，心想：「會管理時間真好，不但能很快寫完作業，還能得到表揚。真是兩全其美啊。」

那天晚上，他看完動畫後，又畫畫、看漫畫等，做了很多事情。睡覺前，他忍不住問母親：「媽媽，我怎麼發現今天的時間變多了呢。」

母親笑道：「那是因為你管理時間了。你要想讓時間變得更多，可以把今天做的事情記錄一下，總結出節省時間的方法，等明天再做同樣的事情時，或是臨時又多了其他事情，你就不會浪費時間了。」

他想想很有道理，就向父親要了一個記事本，認真地記錄了今天做的事情。

第二天，果不出母親所料，老師在昨天留的作業的基礎上，又加了一項背誦當天學的古詩。回家後他想：「該怎樣用同樣的時間做完這些事情呢，我得問問媽媽。」

「很簡單啊。」媽媽笑著說，「有兩種方法，你想在同樣的時間裡做這些事情，一是加快你做作業的速度，當然，要在保證品質的基礎上。否則，錯誤太多，和沒完成作業是一樣的；二是早起十分鐘，利用早上上學路上的時間背詩。早上可是記憶力最好的時候啊。」

「嗯，這個好，我可以在等車或是坐在車上時背詩。」他興奮地說，「每次等校車和坐在校車上時，我總感到很無聊。」

擔心第二天早上那點時間背不了詩，他在寫完作業後，又唸了半個小時的詩，最後總算背起來了。

第二天早上，他提前十分鐘起床，先默背過詩後，再吃早餐。在他等候校車時，他就試著默背詩。讓他沒有想到的是，別小看早上這十多分鐘，他竟然牢固地記住了這兩首詩。比他晚上用半小時背的效果還好。

那天晚上他在記錄一天的事情時，寫道：「早上的時間很寶貴，十分鐘能抵半小時。」

他講完後，向我感嘆道：「自從我用了這個方法後，不但成績上升，做其他事情也很有效率。上高中時，我的英文成績是全校第一，同學們稱我是『英文天才』，說平常也沒看我多用功學英文。我說經常利用等公車、走路的時間背英文單字。他們還不相信。現在想起來，我真得感謝父母當年對我督促啊。」

「你父母的做法值得效仿啊，幫孩子建立起清楚的時間概念，能夠讓他養成管理時間的好習慣嘛。」我說道，「這就是有效的家庭教育。」

對於孩子來說，由於時間摸不到，也看不見，父母只用說教的辦法是無法讓他理解的。要想辦法幫助孩子制定學習時間的規則，這樣更有助於他抓緊時間學習。一旦孩子養成了管理時間的習慣，將讓他一生受益。

父母「管」得確實，孩子才懂得節儉

「孩子花錢總是大手大腳，給多少錢也不夠他花。」

「我們孩子手機換了好幾個，這幾天又讓我買 ipad 給他，說他有好幾個同學都有。」

「這兩天孩子提出要增加零用錢，說學校餐廳的飯菜不好吃。」

「兒子每年的壓歲錢有好幾千，等不到開學就花完了。」……

每次我講課之前，就有一些當了母親的女學員，向我提出這些令她們煩惱的問題。實際上，孩子花錢大手大腳、揮霍無度、不懂得節省的壞習慣，與父母有很大關係，可以說，是父母自己約束不力造成的。因為孩子手中的錢財來源於父母，如果父母控制得好，那麼孩子自然會做到合理地分配。

我女兒上國中後，開始住宿，我每月會給她一筆錢當生活費。在給她之前，我會告訴她，每個月 15 號給她錢。讓她做個計畫，或是記帳，就是把每天花的錢記在本子上。萬一錢到月底前就花光，是不會再給她額外加錢的。她卻說：「這樣太麻煩了，不就一個月嗎，我節省著點花錢就可以了。」

第一個月時，她像以前在家時一樣，想怎麼花錢就怎麼花錢。還經常和同學去學校福利社買零食，相互請客。第一個月才過了一半，她的錢就花完了，她知道我不會給她，就轉而求她媽媽。

知女莫如母，我老婆猜她會來這一招，早事先跟我「串通」好，並向女兒的爺爺奶奶、外婆外公交待過了，任憑她找什麼藉口，都不讓他們寄錢給她。

她在碰過釘子後，又來求我，她深知我對他要求嚴格，是「說一不二」的，就話鋒一轉，讓我提前把下個月的生活費給她。並發誓說：「爸爸，你放心，我這次接受教訓了，這錢我會花到下下個月的 15 號的。」

有好幾次，我老婆因為心疼女兒，私底下向我求情，說就容忍孩子這次的錯誤行為吧，我沒有答應。我深知女兒的性格，這樣只會讓她更加肆無忌憚，要想讓她養成節儉的好習慣，就得對她「狠」一點。

見我不肯鬆口，她只得使出了最後的殺手鐧，說道：「爸爸，你總不能看著我挨餓吧。這樣好不好，你只給我半個月的生活費，每天就按 100 元計算，好嗎？等下個月你再從我的生活費裡扣除。」

若是以往，我會拒絕的，但是我想到她這個想法，也是在萬般無奈時想出來的，就勉強答應了，但有個條件，她預支的生活費我要按 2%收「利息」。她本來不同意，但想想也沒別的辦法了，就同意了。為了少付利息，她把每天 100 元的生活費降到 50 元。也就是說，只提前預支了 750 元。

接下來的日子就難熬了。她想盡辦法節衣縮食、精打細算，對每一塊都做好計劃安排。然而，事情也確實很奇妙，她竟然用這 750 元過完了剩下的半個月。這期間，她居然沒有向任何人借過錢。

或許正是那種挨餓的體驗過程，讓她學會了有計畫地花錢。她不但不再亂花錢，還自動記起了帳，每花一次錢就記下來。

有一次，她打電話給我，驚喜地說：「爸，記帳的好處太大了。我今天去超市買東西，結帳時，我粗略地算了一下買的東西的價格，發現他們多收我的錢了，你猜這是怎麼回事？」

「是不是超市的機器壞了。」我問。

「不對。」女兒得意地說，「是我買的 35 元一斤的特價番茄，超市按照 75 算。哈哈，老爸，幸好我每天做著花多少錢的計畫，不然真得花這冤枉錢了。」

以後的每個月，女兒不但不會再把錢全部花光，有時還會省下一些錢存起來，以備急用。這樣，他的生活變得豐富有意義了。他用這些錢還買了自己喜歡的書和東西。

這件事讓我發現，父母讓孩子養成勤儉節約的習慣，既能培養孩子合理分配財物的能力，又能鍛鍊孩子獨立生存的能力。

所以，對孩子花錢這件事，父母從他們小的時候起就要制定「家規」，讓規則幫助孩子形成有節制的消費意識和消費習慣，而且規矩一旦定下就不能再變。這種規矩雖然簡單，但很有必要，能讓孩子從小就知道買東西時要學會克制，不能隨心所欲。

我用的這款手機，是八年前買的。我身旁的朋友為此笑我「太過節儉」，說我的手機價格太便宜，款式又老，該換了。甚至有開手機店的朋友多次提出要送我手機，我都委婉拒絕了。

有一次，女兒問我：「爸，現在新款的手機都不貴，你幹嘛不換啊？」

我對她說：「手機是用來打電話的，我用的這個手機訊號好，而且電池耐用。還浪費錢換它做什麼。」

她聽後若有所思地點了點頭。她現在用的手機，仍然是幾年前我花幾千塊錢買給她的。

父母要著重培養孩子理智消費的習慣。就是要從小教會孩子買東西時要理智、要比較。只買成本效益最高與最急需的東西。養成這樣的習慣後，他在花錢方面才會做到理性。不會看到什麼喜歡的，就不加以思考地馬上買下來。

節儉既是一種良好的習慣，也是一種美德。古人以勤儉為美，認為勤儉節約的生活才是最舒適的生活。隨著時代的變遷，人們開始漸漸沉迷於奢華的生活，而直接受影響的，就是我們的下一代。所以，父母要想讓孩子養成節儉的美德，就得在孩子很小的時候，培養孩子正確的消費觀念，以讓他養成勤儉節約的好習慣！

父母能「忍耐」，孩子就會克制欲望

我有個朋友，是一位兒童教育心理學專家，他對我說，父母想讓孩子學會自制，就得從延遲滿足他的欲望開始。而且，還要從孩子五歲前培養，這需要父母要有足夠的耐心。

他的女兒今年四歲，由於他和老婆忙於工作，平常由父母接送上幼稚園。他的女兒活潑可愛，能言善道，深得幼稚園老師和兩位老人家的喜歡。

女兒唯一的缺點是，她說要吃什麼就立刻要吃到，等一分鐘都不行，說玩什麼就馬上玩什麼，也是一分鐘都不能等。看著父母高高興興地圍著女兒轉，他心裡很不舒服。有好幾次，他告訴女兒，這樣是不對的。不等女兒表態，父母先不高興了。

「孩子這麼小，她懂什麼啊。再說了，我和你爸也沒什麼事，照顧她對我們也有好處，等於是鍛鍊身體呢。」他母親說道。

「是啊，我這乖孫女啊，最會察言觀色了。我一進門，她就會把拖鞋拿過來。」父親對他說，「你媽在廚房剝菜時，她會把垃圾桶放過去。哎呀，我這個孫女，比你小時候還孝順呢。」

女兒瞪著大眼睛聽著，一會看看爺爺奶奶，一會看看爸爸。當她看到爸爸臉色不好看時，就悄悄地離開了，然後拿著一杯水過來：「爸，給你喝。」

這樣一杯水，這樣一個懂事的小可愛，任你再鐵石心腸，也不忍心再數落她了。

看到朋友氣消了，女兒的要求來了：「爸，你帶我去買洋娃娃。」

這就是女兒的小聰明，她先前為大人做事的鋪陳，就是為了提這個要求。朋友不解地問：「什麼樣的娃娃？」

「和這個一樣。」奶奶說著拿出女兒畫的一幅畫，「今天上午她在社區裡玩時，看到鄰居家的小孫女在玩，就想要一個。本來我想下午去買的，她等不及。」

「今天爸爸有事，等明天買給你吧。」朋友確實有事。

「不，我現在就要。」女兒固執起來。

「你開著車一下就買回來了，還等到明天做什麼，再說了，等到下午孩子就等不及。」爺爺說。

朋友看看女兒，正要哄她時，女兒卻哭起來：「我現在就要洋娃娃。」

「你看你們成天忙工作不管女兒，好不容易過一天週末，也不讓女兒開心一點。你不去買我叫你爸去買。」奶奶一邊數落他一邊哄女兒，「寶貝不哭啊，爺爺現在去買。」

朋友只得照辦，他開著車帶著女兒上了路。但他並沒有去商場，而是一路勸她，當然，女兒說什麼也不同意，哭、鬧、要條件，總之，這個小女孩把所有的招式都用上了。朋友繃著臉沒有鬆口。

他心想：「反正父母不在身邊，不管她怎麼鬧，我也得讓她改掉這個壞毛病。」

女兒也很聰明，看到自己在爺爺奶奶那裡用的所有辦法都不管用，加上又沒有人撐腰，只好答應了爸爸的「過生日時，表現好就買」的條件。

至於如何表現好，朋友向她解釋：「不能想要什麼就立刻得到什麼，要看大人的時間。」

女兒很乖，回到爺爺奶奶家時，她告訴爺爺奶奶：「我以後向你們要東西時，你們有時間再幫我拿。」

孩子很聰明，他們善於觀察，所以，當他們想要一樣東西時，會想方設法地去磨父母的性子，軟硬兼施，哭、鬧、求等使用各種招式。父母的性子被磨得不耐煩時，就會「服從」孩子的要求。卻不知道，這樣縱容下去時，孩子很容易變得性格急躁，缺乏耐心，做事情也容易有始無終。

然而，孩子對輕而易舉得到的東西，是不會珍惜的，也無法從中感受到幸福，反而會讓他們覺得這是應該的。比如，有些孩子對買回來的玩具，玩幾天就扔到一邊或是丟棄，一點都不知道珍惜。但如果是他堅持一週或是一個月等來的，相信他就不會這麼不愛惜了。

對於孩子的要求，父母若經常無條件地滿足他，還會讓他養成唯我獨尊、不尊重人的驕傲自大的性格。所以，延遲滿足孩子的要求，會讓他學會自制，並且鑄就他謙虛自律、沉穩踏實、有責任感的秉性。等他長大後，他也能夠「掌控」自己的人生！

在美國史丹佛大學附屬幼稚園的教室裡，坐著幾十個只有 4 歲的小孩，在他們面前的桌子上，各放著一塊棉花糖。

看著孩子們一臉驚喜地盯著桌前的棉花糖，老師說：「這是我分給你們的棉花糖，現在我有事要出去，給你們兩個選擇，可以立刻吃掉，也可以等到我回來再吃。不過，能等到我回來吃糖的孩子，我會再獎勵他兩塊棉花糖。」

老師走後，這幾十個孩子開始了自己的選擇。

有一部分孩子無法抗拒糖果的誘惑，在老師走後不久，就立刻吃掉了那塊棉花糖。另一部分孩子為了多得到兩塊棉花糖，他們選擇了與誘惑抗爭，在等待老師到來的那段難熬的時間裡，他們有的轉過頭不去看棉花糖；有的則閉上雙眼假寐；有的輕哼自己喜歡的歌來轉移注意力；有的則與朋友說話；有的趴在桌上呼呼大睡……

總之，他們為了抵禦棉花糖的誘惑，開始動腦筋，根據自身情況，想了各式各樣的簡單實用的小絕招。這些可愛的小孩子們，憑藉堅強的意志力，勇敢地戰勝了自我，當老師回來時，他們才大膽地去看桌上那顆屬於自己的棉花糖。他們在得到老師的表揚後，又獲得了兩塊棉花糖。

故事到這裡並沒有結束。在十幾年後，這些孩子進入了青春期，他們的表現迥然不同：

那些在 4 歲時就能夠為兩塊糖果而堅持等待的孩子，具有較強的競爭力、較高的效率以及較強的自信心。他們能夠更好地應付來自生活中的各種挫折和壓力。不管遇到多大的困境，他們都不會自亂陣腳、驚慌不安，不會輕易崩潰。因為他們具有較強的責任心和耐心，自信樂觀，辦事認真可靠，所以普遍容易贏得別人的信任。

而當年那些立刻吃了棉花糖的孩子，其中約有三分之一左右的人缺乏上述特質，心理問題也相對較多。在人際交往方面，他們羞怯退縮，自負又優柔寡斷；一遇到挫折就心煩意亂，把自己想得很差勁或一文不值；遇到挫折更是退縮不前或不知所措。

這就是著名的「成長跟蹤實驗」。心理學家米歇爾（Walter Mischel）從 1960 年代開始，對史丹佛大學附屬幼稚園的孩子們進行追蹤研究，從他們四歲到高中畢業。這個實驗結果告訴我們，四歲的孩子當初做出怎樣的選擇，不但從一種角度反映出他的性格特徵，而且在一定程度上預示了他未來的人生道路。

第 4 章
良好的親子關係

親子間最好的關係，始於美妙的語言

關於說話，曾經有這樣一個故事：

有一個理髮師，手藝不錯，但因為不會說話，經常得罪顧客。所以，他的生意一直不太好。為了少說話，他在幫客人理髮時會故意不說話，而是用手比劃。

當地有個地方官聽說這事後，很想聽聽理髮師說的話有多難聽。於是，他特別去找這個理髮師幫他剃頭。

理髮師見到當官的來找他剃頭，更不敢說話了，就用手比劃。地方官故意問：「你為什麼不說話呢？」

理髮師說：「我不會說話，一說話就傷人、得罪人。所以，我不敢說話。」

地方官說：「沒事，我不會怪罪你的。對了，我問問你，你有兒子嗎？」

理髮師連忙說：「沒有啊。我要是有你這樣一個兒子，我也不用做這工作了。」

地方官一聽說：「你還真不會說話，我勸你還是換個工作去做吧。」

理髮師用手摸了摸地方官的頭，無可奈何地說：「我要是不做這工作，你這東西要找誰收拾？」

地方官一聽，氣得站起來怒視著理髮師。

理髮師人不壞，但因為他不會說話，才導致他的生意不好。俗話說，良言一句三冬暖，惡語一句六月寒。一個不會說話的人，是很難與周圍的人打好關係的。同樣的道理，也適用於親子之間的溝通方面。如果父母不會說話，即便你是愛孩子、為了孩子好，孩子照樣會對你反感。

有一次，我帶著兩個女兒在社區裡散步，看到一個五六歲的小男孩跑著跑著，不小心摔倒在地上，把腿跌破了。男孩的媽媽見狀，心疼極了，她邊為孩子處理腿上的傷口，邊難過地說：「你看你腿上的傷，我說過你多少次了，別跑，走慢點，你就是不聽。一次又一次地摔，你是不是非得把自己摔死才甘心啊……」

孩子一聽，非常生氣地說：「妳不要管我，我自己走。」說完就甩開媽媽的手，又往前跑去，氣得媽媽在後面邊追邊罵。

看到這裡，大女兒小聲地說：「這個媽媽真狠心，孩子都摔成那樣了，還罵他，爸爸，你說她是不是不喜歡孩子啊。」

我說：「天底下沒有媽媽不喜歡孩子的。她罵孩子，是太心疼孩子了。」

在生活中，我們經常遇到這樣的父母，心裡明明是疼愛孩子的，可是就是喜歡用一些冷言冷語打擊孩子，輕則讓孩子不想理父母，重則影響到親子關係。

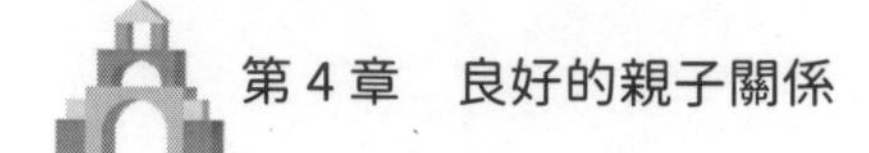

有個詞叫「口吐蓮花」，就是形容會說話的人，那語言之美就像蓮花一樣讓人在耳目一新的同時，心情也會無比愉悅的。所以，當你看到有的父母跟孩子關係很好時，那麼孩子的父母勢必是說話的高手。

親子間最好的關係，都始於美妙的語言。父母與孩子語言上的交流，即使沒有過多的對話，當父親（母親）或深沉或溫柔的聲音，載著文字所傳達的美妙的意思，進入孩子的耳朵、大腦時，讓孩子收穫的，除了對內容的理解外，還有親子間的感情。

一般來說，良好的親子溝通在於和孩子分享你的一切，你會發現，孩子很容易就能走進你的世界，而你也會慢慢踏入他們的心靈寶殿，為孩子給予你的每一個眼神、每一個擁抱、每一句安慰所觸動。

當孩子漸漸長大，他們就開始擁有自己小小的內心世界，此時，父母命令式的語氣容易觸發他們「寧為玉碎不為瓦全」叛逆小宇宙，這樣的溝通自然容易出現裂痕。所以，父母在跟孩子溝通時，一定要用親切的語氣，多說一些孩子理解的話語，這對於孩子與父母的相處來說是十分有好處的。下面，是父母跟孩子說話時要注意的一些技巧，請見表 4-1：

表 4-1

1 父母要像孩子的朋友一樣尊重他	父母跟孩子說話時，不能高高在上單純地說教，這只會讓孩子產生牴觸心理。父母要充分剖析孩子的內心需求，不要輕視他們的自尊，給予並維護他們應有的權利，和他們成為互相信任的朋友，這些才是父母應該做到的。
2 父母平常要多鼓勵孩子	人生，就是一個大賽場，孩子必須自己參賽，父母不能代替孩子面對生活，更不能當「裁判」。而是應作為「啦啦隊」來給予孩子鼓勵，給孩子力量。面對日常生活、課業等各方面問題，父母要充分給予孩子空間，讓他們做出選擇，而不是一味地擅作主張，替孩子決定。
3 父母要當孩子的「鏡子」	以人為鏡，可以明得失。只有清楚地了解、認識到自己，才能超越自己。因此，孩子只有根據對比他人的行為舉動，才能真正認識自我。這也就展現了父母的作用，父母要學做「鏡子」，不用你刻意指出，都能讓孩子從你這裡看到自己的優點和缺點。這樣不但會讓孩子願意跟你交流，還能讓他提升自己的綜合素養。
4 回答孩子的話時要在理解的基礎上	孩子提出問題時，應先了解其真正含意，並針對孩子的需求回答。例如孩子問：「媽媽，妳要不要去買菜？」這個問題的真正含意其實是：「媽媽，我想跟妳一起去買菜。」假如妳知道孩子的真正目的，就可以說：「是啊！你要不要一起去？」孩子聽了必定會很高興，因為這正是孩子當時的心願。

5 盡量避免用消極、負面的語氣說話	所謂的負面比如家長不要用「我命令你……」、「我警告你……」、「你最好趕快……」、「限你在五秒鐘內……」、「我數到一、二、三……否則……」、「你應該……」、「你真笨」、「你好壞」、「你太讓我失望了」、「不可以……」等等帶有指揮、命令、警告、威脅、責備、謾罵、拒絕等負面意義的說話語氣。而且說得多了，孩子對此更是無所謂的態度，所以家長再說類似的話就沒有任何意義，還讓孩子感到厭惡。
6 跟孩子交流時要經常變換新鮮的內容	常變換新鮮的話題會引起孩子的興趣，例如：「你猜猜看今天我遇到什麼事了？」、「你們小孩子為什麼喜歡玩？」、「假如有一天，我們能到月球上去生活……」等問題，會更能吸引孩子。所以，在生活中，盡量用這樣的話來代替一些囉嗦的話。
7 父母要懂得充實孩子的生活經驗	父母與孩子對話的題材，大部分是來自生活之中，因此培養孩子一顆敏銳、好奇的心是很重要的。父母在生活中要多帶領孩子觀察身邊的各種事物，比如，一花一草一木，路上車子的顏色、造型、品牌，街上行人的穿著打扮、說話內容、百貨櫥窗等，都會成會談話的素材，孩子的觀察力會自然而然地提高。當然，父母是孩子的第一任老師，所以父母的引導對孩子是十分重要的。

鼓勵孩子，讓他順勢成長

多給孩子一些鼓勵、一些賞識、一些尊重，讓孩子在充滿自尊和快樂的環境中健康成長。

鼓勵能調動人的積極性，鼓勵能讓人樹立信心、看到希望。一句鞭策的話語，一次精神上的激勵，往往能激發孩子的自尊心和上進心，從而變成一種巨大的精神力量，促使其更加刻苦用功和不斷成長。在這一點上，我是有親身體會的。

我小時候，因為家裡很窮，我在上高中時，穿著姐姐的舊衣服，褲子後面，補兩個大補丁，腳上一雙露著腳趾頭的鞋。這樣的穿著，和穿著得體的同學形成了鮮明的對比。那時候，我非常自卑。從來不敢主動跟其他的同學說話。

有一次，父親到學校找我時，非常高興地對我說：「我聽你們老師說，你的功課學得很好。孩子，我們家窮，你在課業上這麼有出息，我真為你感到自豪啊。好好學習，將來考一個好大學。」

父親的話雖然很普通，但那樸實的話卻給了我極大的鼓舞，激發了我的讀書熱情。從那以後，我不再為自己的衣著寒酸自卑，而是把全部的精力用在了課業上。最終，我順利地考考取了一所頂尖大學。

對於孩子來說，來自父母的鼓勵，是孩子的最大的精神支柱，是他成長過程中的雨露陽光。有時甚至能夠改變孩子一生的命運。所以，認真、負責的父母，會在孩子需要鼓勵時，適時對他進行表揚和鼓勵，讓孩子看到希望，克服自卑心理，增添力量和勇氣，產生「我一定做得到」的良好感覺，從而對自己未來的前途充滿信心。

父母對孩子的鼓勵，不但能促進孩子人格的健康發展，激發他們的「成功欲」。可惜的是，在現實生活中，父母經常常忘記了孩子的身心特點，忽視了對孩子的鼓勵和表揚，總是看孩子的缺點，特別是當孩子在生活中犯下一些錯誤時，更是難以容忍，輕則訓斥責罵，重則棍棒相加。使得孩子在巨大的壓力之下戰戰兢兢，嚴重影響了他的身心健康。

實際上，父母對孩子的鼓勵越多，孩子就越會感到一種激勵，就越容易獲得成功；父母的責備越多，孩就會越感受到挫敗。如果孩子不斷地產生挫折感、失敗感，就會對自己完全喪失了信心。這樣的孩子自然也更容易失敗。所以，任何一個明智的父母，時時刻刻都要提醒自己，多給予孩子積極的鼓勵，少給或者不給孩子消極的評價。

我師大畢業後，曾經在一所高中當班導。班上有一個男生非常優秀，課業、為人處事方面，都做得很確實。他從國中一年級就開始當班長。不過，他唯一的缺點就是情緒不穩定，總是懷疑自己的做事能力。

國中二年級上學期，班上要重新選班級幹部了。我事先集合班級幹部商量，散會後，我看到他故意留下來，心裡知道他有事找我，就問他：「是不是有事啊？」

他吞吞吐吐地說：「老師，我，我 —— 您覺得我適合當班長嗎？這次同學們還會選我嗎？」

客觀地說，他 EQ 高，人緣好，對同學很關心，做事情也有條理，別看他每天管理班上的雜事，但絲毫不影響他的學業，他的學業成績，在班上一直是穩穩的第三名，一年多了，從未被超越的。在我看來，他是班長的最佳人選。

我很奇怪他為什麼會有這樣的顧慮，就笑著說：「你怎麼會有這樣的顧慮啊。」

他說：「我媽經常說我心理不成熟，管理不行。還有，她說上國二後學業重了，盡量不要當班長了，免得影響成績。」

我耐心地對他說：「說真的，我很認可你。不僅僅是你的學業成績，還有你的管理才能。你當班長一年來，做出的成績，不光是我，同學們也都看在眼裡。這次若能選上，我相信你會做得更好；若選不上，你的管理才能同樣不會被埋沒的。請相信自己。」

他聽完後，立刻轉憂為喜，說道：「老師，聽了您的話，我什麼顧慮都沒有了。」

後來發生的事情是，他全票當選為班長。會考時，他考入明星高中，學測時，考的也是頂尖大學。

每個人的內心深處都存在著一座寶藏，而開啟這座寶藏的密碼不過就是一句真誠的鼓勵和讚美。教育專家說過：「孩子的自信心，除了自身的能力外，往往來自他人的鼓勵和信任。」孩子若能感到別人對他的接納和喜歡，他會充滿快樂，並且充滿自信；但如果用話打擊孩子，孩子就會喪失信心，變得自暴自棄。

父母明白了這個道理，就得在日常生活中多給予孩子鼓勵，一句話鼓勵的話能勝過千言萬語的說教，說不定孩子的心扉也會因此而向你開啟，讓你發現原來他也是那樣地與眾不同，那樣地值得你去為他叫好與自豪。

人與人之間需要相互取悅。一個良好的家庭也是如此，家庭成員彼此之間也需要在情緒上相互取悅。在這樣的家庭裡，生活氛圍會顯得輕鬆、愉悅、積極，孩子能夠在這種氛圍中吸收到好的能量，讓他身心健康地順勢成長。

但如果父母常常對孩子進行打擊、責罵，就會讓孩子相互取悅的需求無法得到滿足，這樣孩子也會表現出更消極的情緒狀態來。所以，父母一定要多鼓勵孩子，放大孩子的優點。當你注意他的優點時，他也會受你影響，來注意自己的優點，久而久之，他的優點會得到最大的發揮。

多鼓勵孩子，根本的一點就是大人要從內心把孩子放在平

等的位置，尊重孩子的興趣，尊重孩子的選擇，多看到孩子與眾不同的「發光點」，讓他們相信自己的能力，從而減輕心理壓力，增強自信心。多鼓勵孩子，從另一方面說，也就是允許孩子「失敗」，鼓勵孩子跌倒了、爬起來，分析原因，找到不足，指明方向，繼續努力。

多鼓勵，鼓勵就是關心孩子做事情的過程，指出過程中做的好的地方，一定要具體。這其中最關鍵的是：鼓勵的前提是父母，要發自內心地對孩子所做的行為來認同和欣賞，這點是特別的重要。

維護孩子的「尊嚴」，讓他擁有健全的人格

我們都想成為好父母，但有時候，任憑我們怎麼努力，孩子好像總是達不到期望。特別是和孩子進行溝通、交流的時候，我們當父母的原本是關心孩子，想跟孩子說說知心話，讓他生活得更好，可他卻心不在焉，甚至跟我們頂嘴，引發親子之間的衝突。

我前面講過多次，孩子是一個獨立的生命個體，年紀越小，自尊心越強，所以，不管孩子犯了多大的錯，父母都不要當眾責罵他。因為對於孩子來說，當眾指出缺點，無疑於會傷害他的自尊心。為了維護自尊，孩子可能會選擇寧為玉碎不為

瓦全，這樣一來，父母自然就得不到滿意的回應了。

教育孩子，最忌諱父母不問青紅皂白地責罵，不給孩子留餘地，讓孩子覺得丟了「面子」，從而產生反抗心理和牴觸情緒，最後孤注一擲，用過激的行為來抵抗父母的「命令」。

我女兒小時候，有一次，她跟好朋友在外面玩。老婆喊她吃飯，每次她嘴上答應「回家吃飯」，但身體就是不動。老婆見狀，就對我說：「這孩子這麼不長記性，等一下我把她的玩具沒收了。」

我連忙說：「不行，不行，要為孩子留面子，給她改正錯誤的機會。」

老婆在氣頭上，說：「你看我都叫她多少次了，根本不聽。不信你去叫她回家。」

我找到女兒後，微笑著蹲在她身邊，小聲說：「餓了嗎？媽媽飯煮好了，你再玩一會，我們回家吃飯好嗎？」

女兒聽了我的話，痛快地答應了。

孩子或許不知道「一會」是多長時間，但她小小的心裡卻懂得，我跟她的口頭協定，讓她覺得受到了尊重。所以，我們之間的協定一旦達成，她幼稚的自尊心、天生的守信感就油然而生。等我對她說「一會」到了時，她就會自發地停止手裡的活動，心滿意足地跟我回去。所以說，無論在什麼時候，什麼地點，我們都要與孩子達成默契。留出時間給孩子做決定，等於

是有了商量的餘地。即便你留給她的這些時間只有半分鐘，也會讓孩子在自尊中得到心理的滿足。

保護孩子的自尊心當著外人的面教訓孩子最容易傷害孩子的自尊心。其實，小孩子的領悟能力相當強，當你不想讓他做某事時，只要輕輕地搖搖頭，或悄悄地對孩子瞪瞪眼睛，他就會明白的，完全沒有必要大聲說出來。

我的一個畫家朋友，曾經向我講起他小時候遇到的一件事：

他父親去世時，他九歲，弟弟五歲。有一次，他母親因為生了重病，他就向一個親戚借錢幫母親買藥。

那個親戚很有錢，看不起這孤兒寡母的家庭。在給他錢時，親戚用不屑的口吻說：「拿去，不用還了。」

他聽後非常感動，正要道謝時，親戚繼續說道：「我就是想要，你們也還不起啊。」

那時他雖然年紀小，但親戚語氣中帶著的鄙視和嘲諷，讓他聽了感到非常不舒服。因為心裡惦念母親的病，他一邊道謝一邊說：「您放心，我來的時候，媽媽就對我說了，等她病好了，就去找工作賺錢，把錢還給您。」

親戚冷笑：「就憑你家那幾個人，還想還債？這夢我可不敢做，你媽卻在做，真是不自量力。」

直到這時，朋友才發現這話很難聽。可為了讓母親的病趕快好起來，就忍氣吞聲地回家了。生病的母親看他臉色不好，就問他。起初他不說，後來禁不住母親一再地問，才如實講了親戚的話。

母親聽後，忍著病痛，帶著他來到親戚家，把錢還給親戚，委婉地拒絕了親戚的幫助。在回家的路上，母親對他說：「孩子，一定要記住，我們可以沒有錢，可以忍受病痛，但不能丟掉做人的尊嚴。當我們窮得只剩下尊嚴時，才能激勵我們繼續向前衝。」

朋友說：「這件事讓我終生難忘，當母親忍受著病痛的折磨維護了我們的尊嚴時，我深深地被震憾了。正是母親說的『繼續向前衝』這五個字，激勵著我去奮鬥。直到現在，當我遇到困難時，我首先要做的是如何去面對和衝破阻力。因為我知道，一個人的尊嚴是靠著自己不懈的努力去爭取來的。」

尊嚴是人類靈魂中不可糟蹋的東西。我們每個人的心靈世界是靠尊嚴來支撐的。孩子也是如此，只是表現方式不同而已。有的孩子甚至會對丟臉、傷自尊心感到「恥辱」。不少父母對待孩子大有「我說你行你就行，不行也行；我說不行你就不行，行也不行」的「家長作風」，父母的這些「長官意志」大都是有道理的，但用命令的口氣和態度，往往會傷害孩子的自尊心，導致你的教育適得其反。

一個人最寶貴的是尊嚴。對一個孩子來說，最害怕的不是棍棒、拳頭，而是失去面子、失去尊嚴。當你知道孩子偷了東

西，但還無法確定時，請你要保持冷靜，千萬不要冤枉孩子；而當你已經有證據確定孩子犯了錯時，請一定留點面子給孩子，孩子會為此感激你一輩子！

一位作家上國小時，家裡十分困難，父親又患了氣喘病咳得很厲害。他聽說橘皮能治氣喘病，便偷偷拿走了教室窗臺上晾的乾橘皮。老師發現了這件事，一直替他保密，沒有對別人說起。他說，他從內心裡感激這位老師，這種感激之情持續至今，鼓勵著他用一生的努力來回報社會。

有一位作家曾經說過：「人受到震撼有種種不同，有的是在脊椎骨上，有的是在神經上，有的是在道德上、感受上，然而最強烈的、最持久的則是在個人的尊嚴上。」一個從小失去尊嚴的孩子，長大後很難堂堂正正地做人，很難擁有健全的人格。所以，父母在對待孩子時，沒有比保護他的自尊更重要的事了。

把孩子當陌生人，說話時和顏悅色

在一次「生命覺醒」的課堂上，有一位學員主動上臺，向我們講起她的故事：

她母親是一個成功的企業家，性格強勢。她母親經常把這種強勢的作風運用到教育中來，在家裡，母親對她和弟弟要求極嚴。平常母親說話也是用命令的口氣。

「小時候，我和弟弟最幸福的事情就是媽媽出差或是加班。」她說，「每天放學回家，看到媽媽不在家，我和弟弟就高興得又蹦又跳。」

有一次，她生病不能去上學。母親知道後，非常著急，但是脫口而出的話是：「妳這孩子怎麼搞的，連自己的身體都照顧不好，以後能做什麼事情。」

原本生病的她，聽著母親的埋怨，感到萬念俱灰。她就忍不住說道：「我同學生病了，她們的媽媽第一時間是安慰、照顧，你卻還訓斥我。」

母親厲聲說：「妳生病還怪我，我每天忙著賺錢，還不是為了你們嗎？真是沒有良心。」

雖然母親那天親自開車送她去醫院，照顧她，但她心裡卻感覺不到溫暖，只是盼著自己早點好起來。就不用跟母親在一起了。

為了躲避母親，她和弟弟特地選擇了到離家很遠的城市上大學。並且在那裡安了家。直到現在，每次跟母親打電話，她一聽到母親的聲音，心就顫抖不已，彷彿又回到了小時候。

她說：「隨著母親年紀的增大，她脾氣改了很多，我知道她心裡是愛我們的，也想過跟我們打好關係。我和母親想的一樣。可是，我每次一接電話，一聽到她的聲音，我的心就涼了。」

講完她的事情後，她總結道：「其實，我母親人很善良，對親戚、朋友、鄰居都很好，甚至對待待陌生人，母親都是和氣

可親，說話彬彬有禮。我小時候有一段時間，特別想當一個站在母親面前的陌生人。」

許多家庭中所出現的親子矛盾，很大一部分原因緣於父母不會和孩子說話。他們心中有愛，但總是疏於用語言來表達，即使一句本應該讓孩子開心的話，從他們嘴中講出來就變了。

我周圍也有很多做了父母的朋友，每次跟他們出去，他們在陌生人面前表現得特別有禮貌，有時陌生人的一句「對不起」，立刻換來他們一句客氣的「沒關係」. 可是面對自己犯錯的孩子時，他們就沒有這份耐心了，黑著臉厲聲訓斥孩子。

對於這樣的父母，孩子在小時候或許會因為懼怕你而強迫自己忍受，一旦他們長大後獨立了，就會選擇遠離你，對你避而遠之。所以，父母要想跟孩子打好關係，就得做一個溫和有愛的人，跟孩子說話時，盡量做到和顏悅色。

我有個朋友，在某電視臺主持兒少節目。她的「觀眾緣」非常好，不但孩子喜歡她，就連大人也喜歡她。觀眾親切地稱她是具有「天使般微笑」的主持人。

每逢假日，她都會收到來自國內外觀眾送的精美禮物和問候電話。她的臉書粉絲達到百萬了。

我看過很多次她主持的節目，令我記憶最深刻的就是，她每次跟孩子們交流時，都是蹲下身子，這樣她比孩子還低，在跟孩子交流時，她對孩子們是仰視的。

她說話的樣子更是迷人，面帶微笑、和風細雨，即使面對一些第一次上臺很緊張的孩子，她也會顯得很耐心。總是用溫柔如水的聲音說：「來，讓姐姐牽住你的手，有我在，我們什麼也不怕。」

孩子就會信任地向她伸出手，在她的帶動下，變得大方起來。

事後，她對我說：「我跟孩子的這種交流方式，是從我母親那裡學來的。我小時候，母親就是用這種姿勢，用這樣溫和的聲音跟我溝通的。每次母親跟我說話時，我心裡是滿滿的快樂。」

在母親的影響下，她也養成了用和顏悅色的方式跟人交流。

直到現在，她每天都要跟父母講電話，聽著母親的話，她彷彿又回到了快樂的童年。每逢假日，她會帶著家人去看父母，跟母親一聊就是半天。

父母和顏悅色地跟孩子說話，會讓孩子感受你的溫暖。孩子也會認真地聽你說話的，這一點非常重要。倘若你在說話，而他心不在焉，那麼即使你說得再多，道理再正確，又有什麼作用。

「你太笨了，講了這麼多次都記不住。」

「以後不準再上網玩遊戲。」……

在我們生活的周圍，會經常聽到父母這樣斥責孩子的聲音。父母總是認為這樣居高臨下，命令式的語調能展現自己的

威嚴，能讓孩子更聽話。

有智慧的父母，從來不會居高臨下地跟孩子說話。即使在生氣時，也會控制住自己的情緒。通常情況下，你對孩子的說話態度，直接影響到你跟孩子的關係。孩子是單純的，父母只有跟孩子關係好後，他才願意對你親切，向你分享他的喜怒哀樂，你只有在了解了孩子的真實想法後，才可能有的放矢地教育孩子……

父母要想在家庭中創造一種平等民主的空氣，就必須尊重孩子，像尊重陌生人一樣尊重他。在這樣的家庭，孩子會覺得父母是自己的朋友，而不是高高在上的權威。

美國精神病學家威廉曾經說過：「教育孩子最重要的，是要把孩子當成與自己人格平等的人，給予他們無限的關愛。」無數事實也說明，父母以居高臨下的姿態來關心孩子，反而會使孩子產生反抗心理。只有父母轉變姿態，像對待朋友那樣去關愛孩子，才有可能讓孩子感受到平等。

凡是關係融洽的家庭，家人之間交談時，語言都充滿著愛心和親切感，態度和藹。那種喜歡直來直去，不講究方式的語言，你的用意好，也會得到相反的效果。總之，父母只有尊重孩子的個人意見，把孩子看作是平等的個體，盡量和和氣氣地跟他說話，才能獲得和孩子真正交流的機會，才能真正明白孩子心中所想以及他們行為的真正動機。

針對孩子身上的「發光點」，進行讚美

一些為人父母的學員，每次聽我講到要對孩子的發光點進行表揚時，他們都感慨萬千：

「諸葛老師，說實話，我心裡是非常愛孩子的，可是他那麼調皮，不聽話，就忍不住指責他。」

「我家孩子簡直就是一無是處，每天上網，不寫作業，學業成績不好，他都上五年級了，我每隔一段時間就被老師叫去訓話。」

「我有時倒真的想表揚兒子，可是他身上，是真的一點值得表揚的地方都沒有的。」……

我聽著他們的抱怨，笑著說：「每個孩子都是一個天使，只要我們當父母的耐心地去觀察他，他身上一定有令你驚喜的發光點，值得你肯定他。」

任何一個孩子，在這方面比別人差，但在另一方面卻是要強過別人的。正因為這個道理，世界上才有了各行各業的菁英人才：一個數學天才，可能不喜歡文科；具有文學天賦的孩子，有可能對數字不敏感；一個在賽場上馳騁的運動員，或許學業成績不好；一個在歌唱方面具有潛能的孩子，或許對理科不感興趣……孩子身上的這些特質，就是孩子身上的發光點。

除此以外，孩子在跟父母生活過程中，會偶爾做出一些值得大人讚美的行為。比如，陪父母出去，他主動幫忙拎東西；

在家裡，第一次幫你洗碗、洗衣服；你回家後，他問你累不累？等等，這些都是孩子身上可以讓父母讚美的「發光點」。

合格的父母，不是盯著孩子身上的缺點不足，而是要善於發現孩子身上的這一個個小小的「發光點」，並對此做出肯定的讚美。

我為人父後，在教育女兒的過程中，我越來越發現，對於每個孩子來說，父母最好的教育，是發掘他身上的「發光」之處。

我女兒小的時候，我和老婆跟大多數父母一樣，在對她進行「富養」的同時，對她實行嚴格管教。然而，隨著孩子的長大，我發現她越來越不聽話。不是頂嘴就是我行我素，經常讓我們生氣，我們跟她的關係自然不好。

有一次，我在書房裡看書時，聽到老婆在數落她：「妳看妳從放學回家到現在，不是看動畫就是玩，也沒看妳寫作業。」

她不耐煩地頂嘴：「讀書，讀書，妳是要把我當成讀書機器了嗎。」

老婆也來了氣：「誰說叫你當讀書機器了，就是叫妳寫作業。跟妳說多少次了，放學後寫完作業，妳想玩什麼就玩什麼。妳看鄰居的娜娜，人家學業成績好，還聽話；還有妳表妹，在課業方面，從來不讓人操心……」

她大聲反駁：「為什麼妳總是誇別人，我這麼不好妳不要我

就好了。」

老婆說：「妳還不服氣啊。我說的是事實，她們是不是比妳乖？」

她憤憤地說：「我不乖嗎？每天晚上，我自己鋪床睡覺，早上我設好鬧鐘，不用妳叫就自己起床。娜娜每次起床，都是她媽媽叫她；我表妹，妳看她天天吵著叫姑姑買裙子給她。我從來不亂花錢的……」

女兒當時顯然生氣了，語速很快，但她說得都是事實。因為我們的小女兒跟她年齡差不了幾歲，所以，她在四五歲時就跟著爺爺奶奶。相比於同齡孩子，女兒獨立得很早。

我老婆可能也覺得女兒說得沒錯，她沒有說話。我連忙走出書房，替老婆解圍，我對女兒說：「妳說得非常對，妳身上的確有很多優點，除了妳剛說的那些優點外，我覺得還有很多，比如，妳愛妹妹，妹妹喜歡妳的玩具，妳都是讓妹妹先玩；我和你媽媽工作忙，妳早早就學會了做飯……這些都是值得表揚的啊。」

我老婆也連忙說：「媽媽錯了，下次不會拿妳跟別人比了，要多看妳的優點。」

女兒聽後，反而不好意思了，她一邊往自己房間走，一邊說：「我一回家就玩，也不好，我現在就去寫作業。」

從那以後，我和老婆一看到孩子有進步，就讚美她。漸漸地，我的孩子變得開心快樂起來，做什麼事情都很積極，性格

也變得溫順懂事。更重要的是，我們跟她之間的親子關係更加融洽了。

因為我們自己和孩子第一次當孩子一樣，也是第一次做父母。所以，我們不可能成為完美的父母。我們身上存在著這樣或那樣的缺點和劣勢。可是，我們的孩子卻沒有嫌棄我們，當我們對他好一點時，他會高興地抱著我們說「愛我們」。

孩子身上的這些優點，就是值得我們讚美的「發光」點。我們不但要加以表揚，還要向孩子學習，學習他不挑剔我們，不拿我們跟其他父母比。

值得注意的是，父母在對孩子進行讚美的時候，一定要選擇孩子身上存在的優點，盡量給予他具體、有針對性的、適度的讚美，這種讚美要符合孩子的個性。比如，對沉默寡言、性格內向的孩子，父母一旦看到他們主動發言，就得多給予他們肯定和鼓勵，從而使他們對自己有一個公正的評價；但對於愛驕傲、有虛榮心的孩子，父母的讚美一定要適度，只要看到他偶爾有謙虛的表現時，就讚美他是「懂得謙虛」等等。

總之，每個孩子都有自己的長處和優點，父母要選擇怎樣的讚美方式，需要父母用心去思考和表達。要讓自己的孩子在父母正確的讚美聲中，變得更加自信、積極進取。

需要提醒的是，父母不能沒有原則地讚美孩子。有些父母，一旦看到自己的孩子在某一方面表現得較為突出，成績也很優秀，就會無節制地對孩子進行表揚誇獎，說孩子將來能成就大事業。孩子在父母這種誇獎下，會變得驕傲起來，不把別人放在眼裡，這對他的成長極其不利。

圖 4-5 是父母讚美孩子的小技巧：

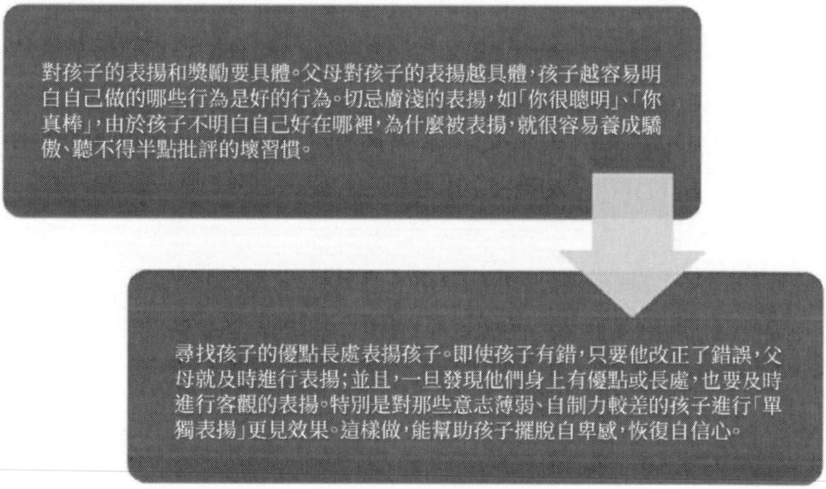

對孩子的表揚和獎勵要具體。父母對孩子的表揚越具體，孩子越容易明白自己做的哪些行為是好的行為。切忌膚淺的表揚，如「你很聰明」、「你真棒」，由於孩子不明白自己好在哪裡，為什麼被表揚，就很容易養成驕傲、聽不得半點批評的壞習慣。

尋找孩子的優點長處表揚孩子。即使孩子有錯，只要他改正了錯誤，父母就及時進行表揚；並且，一旦發現他們身上有優點或長處，也要及時進行客觀的表揚。特別是對那些意志薄弱、自制力較差的孩子進行「單獨表揚」更見效果。這樣做，能幫助孩子擺脫自卑感，恢復自信心。

圖 4-5

尊重孩子，從向孩子協商問題開始

說到尊重，曾經有這樣一個故事：

在一個夕陽無限好的冬日黃昏，美國一位白手起家的著名富商在路邊散步時，看到一個衣衫襤褸的年輕人在擺地攤，只

見他一手整理被風吹起的舊書，一手拿著發霉的麵包啃著。看到在寒風中被凍得瑟瑟發抖的年輕人，有著同樣經歷的富商頓生一股憐憫之情，他毫不猶豫地把 8 美元塞到年輕人手中後就離開了。

沒走多遠，富商忽然想起了什麼一樣，折回來，從年輕人面前的地攤上撿了兩本舊書，滿臉歉意地說：「對不起，我忘了拿要買的書了。」拿好書後，他鄭重其事地告訴年輕人說：「我跟您一樣，也是商人。」

幾年之後，富商應邀參加一個商賈雲集的慈善募捐會議時，一位西裝革履的年輕書商迎上來，緊握著他的手不無感激地說：「先生，您可能早忘記我了，但我永遠也不會忘記您。我一直認為我這一生只有擺攤乞討的命運，直到您親口對我說，您和我一樣都是商人時，才讓我樹立了自尊和自信，從而創造出今天的業績……」

看著眼前成功的青年才俊，富商感慨萬千，自己一句普通的話竟能使一個自卑的人樹立了自尊心，讓一個窮困潦倒的人找回了自信心，一個自以為一無是處的人看到了自己的優勢和價值，並最終透過自強不息的努力獲得了成功。

這，就是尊重的力量。是萬金也買不到的。同樣的道理，也適用於家庭教育。對於孩子來說，父母對他的尊重，是父母給孩子成長道路上最好最有價值的禮物，將會對他一生的發展發揮著重要的作用。

我在前面多次提到過尊重孩子，就是因為在家庭教育中，父母對孩子的尊重是極其重要的。可以說，尊重是人類較高層次的需求。一旦尊重的需求無法滿足，人就容易產生失落、沮喪等負面情緒。所以，父母在跟孩子說話時，一定要用商量的語氣。

我的一位學員，在聽我的課之前找到我，向我哭訴他青春期的兒子叛逆情緒有多麼嚴重，有好幾次，都差點跟他動手打起來。在聽我的課後不到半年，他在網路上向我分享他和兒子「和好」的故事：

他的兒子今年國二，特別不聽話，一放學就開電視。有時候，他人在書房寫作業，客廳裡還開著電視。兒子之所以這麼做，是有原因的。

原來，他課餘時間最愛打球，平常特別喜歡看球賽。當國內外有球賽時，電視就成了他的專利。碰到兒子和他搶電視時，他會對兒子說：「我是你爸，你得聽我的。去，回你房間讀書去。」

起初，兒子還聽。但時間長了，就不樂意了，反駁道：「爸，你太不講道理了吧，憑什麼一回來就轉臺，要是你正在看球賽，我轉臺你同意嗎？」他並不理會兒子的反映。

有一次，他因為看世界盃足球賽，加了兩個晚上的班才把工作做完。他高高興興地回家後，看到兒子正在看電視，就拿過遙控器轉了臺，

兒子不同意，說：「我看得好好的，你一回來就轉臺。太霸道了。」說著就來搶他手中的遙控器。

他生氣地說道：「你這孩子真不懂事，我一天累死累活地工作賺錢養你，好不容易下班休息一下，你還不配合。」

兒子頂嘴道：「你上班累，我上學也不輕鬆啊。我學習了一天，就不能放鬆放鬆嗎？」

父子兩個為此爭得不可開交，吵到激烈時，他動手打了兒子一個耳光，兒子一氣之下跑出了家門。那次爭吵後，父子兩個整整一週沒有說話。

沒多久，他和兒子因為看電視又吵過幾次，兒子甚至於都差點跟他動手了。實在找不到解決的方法時，就形成了「誰先開電視誰就看」的局面。

在聽了我的課不久，他意識到自己身上的問題了，決定從自己開始做起。

又到了他看球賽的日子，這次他用商量的口氣對孩子說：「兒子，爸跟你商量一件事，可以嗎？」

沒想到，一向愛跟他作對的兒子，此時變得很聽話：「什麼事？」

他溫和地說：「你知道，爸的愛好就是看球賽，這幾天晚上都是足球賽直播，你能不能通融一下，這幾天把電視讓給我。你放心，過了這幾天，我就不跟你搶電視了。你不用立刻回答我，可以想一想，要是不同意，我也不勉強。我說的是跟你商量，你有什麼好的建議，可以說出來。」

兒子靜靜地看著他，沒有一分鐘就答應了，並說道：「爸，沒問題。這幾天我借了同學幾本書，正好晚上看。」

他在訊息上寫道：「諸葛老師，謝謝您，您的課讓我第一次懂得了，父母對孩子最好的教育就是尊重。這種尊重最直接的展現，就是展現在父母跟孩子說話方面。」

在家庭教育中，父母與孩子之間需要相互尊重，更需要相互協商。當你和孩子協商一個問題時，會讓孩子覺得，你很在意他的感受，會讓他覺得父母是在平等地對待他，讓他在心理上跟父母有親近感。

遺憾的是，很多父母並沒有意識到這一點，他們習慣於對孩子發號施令。「商量」這個詞，在父母與孩子之間的使用率幾乎是不存在的。原因就是有的父母認為孩子還太小，和他商量也沒有什麼必要，而且認為自己的經驗、閱歷足以讓孩子少走些彎路。有的父母則會覺得和孩子商量事情會助長孩子的任性，動搖自己的權威。當父母抱著這樣的想法和孩子溝通時，將是非常困難的。

孩子再小，都有自己的想法，有著自己的審美，有著自己的需求，甚至於有著自己的原則。他們渴望著長大，渴望著獨立，渴望著擔起責任，渴望著自己做決定，渴望著父母認可，

更渴望得到父母的尊重。所以，父母一定要尊重孩子，平常在與孩子說話時一定要注意以下幾點，請看表 4-6：

表 4-6

1 不要對孩子進行粗暴地命令，而是要使用商量的語氣和句式	美國勵志大師卡內基說，跟人說話時用「建議」而不下「命令」，既能夠維持對方的自尊，又能讓對方樂於改正錯誤，並願意與你合作。父母若在跟孩子協商問題時用：「你覺得怎麼樣？」或「這個主意你贊成嗎？」等溫和的語氣跟孩子說話，能夠讓孩子更樂於配合你，並且讓他們願意說出自己的想法。
2 跟孩子協商的目的，是尋找與孩子之間的利益平衡點	協商就像博弈，一般來說，父母要耐心尋找與孩子之間的利益平衡點，盡量堅持住自己的原則又不會使孩子過於失望，如果能夠取得一些額外收益的話，就是成功的。當父母與孩子的方案都有一定道理的時候，不妨父母先退一步，然後多提出一些選擇，供孩子選擇，使孩子也退一步。所以，真正的協商是對於涉及孩子的事情，父母一定要先詢問孩子的意見：對於家庭中的事情，要有選擇地透露給孩子，聽聽孩子的意見；對於生活中其他的事情，你要多與孩子交流，聽聽他對整件事的評價和看法。總之，父母和孩子協商，有時候需要一定的妥協，但要掌握好妥協的分寸。比如，對於孩子撒謊，父母就不能一味地妥協，而是想辦法讓他意識到撒謊的嚴重性，好讓他改掉。

巧妙地使用幽默，會讓孩子和你更親近

馬克．吐溫（Mark Twain）有一次坐火車去一所大學講課，他十分著急，而火車卻開得很慢。這時來了一位查票員，問馬克．吐溫：「你有票嗎？」馬克．吐溫遞給他一張兒童票。查票員仔細地打量了他之後，有些嘲諷地說：「真有意思，我還真看不出您還是一個孩子啊！」馬克．吐溫回答：「現在我已經不是孩子了，但我買車票的時候還是孩子。您要知道，火車開得太慢了。」

所謂幽默，是用一種輕鬆活潑、詼諧可笑的表達方式，來講一些內容嚴肅、意味深長的話。幽默的批評方式是穿著糖衣的砲彈，既能夠讓挨批評者受益匪淺，又能夠使其笑著接受。

在人際交往中，幽默能夠讓快要激化的矛盾變得緩和，避免出現令人難堪的場面，化解雙方的對立情緒，讓問題得到更好的解決。可以說，幽默是一種高超的語言藝術，是心靈溝通的藝術。在幽默的掩護下，人們會打碎自己特別包裝的外殼，主動與他人交往。透過你的幽默感，能夠讓對方感受到你的坦白、誠懇與善意。

父母在教育孩子的過程中，適當地運用幽默，其效果遠勝於嚴肅的說教。不但可以在陷入尷尬時自我解嘲，還能使親子之間的溝通更加順暢，使家庭氛圍更加融洽。

我女兒上國小時，數學成績不好，寫作業時，總是找各種理由不寫數學題。為了監督她，我和妻子輪流檢查她的作業。

有一次，我要檢查她的數學作業，她百般推辭：「爸爸，我等一下再拿作業給你。我現在正在看書。」

等她看完書了，我提醒她：「妳的數學作業呢，可以拿給我檢查了吧？」

她又推辭道：「爸，等吃完飯吧，我這次真的寫完作業了，你難道不相信我說的話是真的嗎？」

看著她稚嫩的小臉，我心裡明白，她又像往日那樣用拖延應付，等吃了飯，她又會以看電視為由不讓檢查。這樣一直拖到她睡覺時間，到最後她在我們的訓斥下流著眼淚寫作業。

我這次決定不給她機會，就笑著說：「妳要是現在不讓我檢查你的作業，妳這個水做的妹妹，就變成氣做的妹妹了。」

她好奇地看著我問：「爸，你經常說是女孩是水做的，怎麼我會變成氣做的呢？」

我笑著說：「到時妳完成不了作業，我和媽媽輪流教訓妳，妳一生氣，不就變成氣妹妹了嗎？」

她一聽咯咯地笑起來。

我接著說：「水做的女孩是水靈靈的，像澆了水的花兒；氣做的女孩是鼓溜溜的，像妳媽媽做的包子，胖乎乎的。妳看著辦吧，是想像花兒一樣漂亮，還是想像包子一樣胖乎乎，就看你了。不過，爸爸想跟妳說一句真心話，我想要一個花兒一樣的女兒。」

她笑呵呵地看著我，說道：「爸，我不會讓你失望的，你等我一會吧。」說完轉身回自己房間寫作業去了。

那天晚上，她第一次認真地寫了數學作業。自此以後，我盡量用幽默風趣的話跟她說話，比如，她的字寫得太小，我就說：「哇，你怎麼讓字減肥這麼狠啊。我覺得這個字稍微得再增一點肥會更好看。」她聽後立刻把字寫得大一點讓我看。

由此可見，相比於嚴厲的語言、嚴肅的面孔，父母的父母的幽默更有威力，更能達到教育孩子的效果。特別是當孩子犯錯時，父母若用幽默的話跟孩子交談，會讓孩子和你更親近，也更容易聽進去你的話。

曾經有調查顯示：孩子特別喜歡那些「愛搞笑」、「能搞笑」、「幽默」的父母、因為幽默不但會為孩子帶來歡樂，而且還能讓孩子在輕鬆的氛圍裡受到教育，獲得發展。所以，父母在與孩子交往的過程中，要想辦法讓自己變得風趣幽默起來，努力在家庭環境裡創造一種幽默的氛圍，讓孩子在幽默的氛圍裡成長，讓自己在幽默的氛圍裡快樂的享受家庭之樂。

幽默的父母之所以受到孩子們的歡迎，是因為幽默的話具有以下特點，請看圖 4-7-1：

父母在教育孩子時運用幽默的語言，不但能夠消除孩子的緊張情緒，化解孩子「防禦」心理，而且還會讓孩子產生輕鬆、愉快的情緒。從而使其更樂於聽取父母的教誨。

幽默能調節親子之間緊張、沉悶的關係，有利於彼此在歡笑的情境中交流。富有幽默感的父母，會給孩子一種親切而又有權威的感覺，既讓孩子願意與你親近，又能讓孩子主動把心理話講給你聽。同時，對於你的教育更容易接受。

圖 4-7-1

幽默是優秀的父母具備的一種十分重要的特質，幽默不但是教育的方法，更是教育的目的。父母要讓孩子在幽默中受到啟發和教育，同時讓他們學會欣賞幽默，學會創造幽默。這裡需要指出的是，父母要了解自己孩子的個性特點。比如，有的孩子天生開朗活潑樂觀，有的孩子則內向不愛說話……因為性格不同，他們所表現出的幽默感的形式也會有所不同，性格開朗的孩子可能會比較外露，而性格內向的孩子會含蓄一些。

真正的幽默是自然而然表現出來的，父母要讓孩子明白，不能為了幽默而幽默，甚至於把幽默變成冷嘲熱諷、油嘴滑舌。

幽默來自一個人豐富的內涵，隨著孩子知識面的拓寬，閱歷的增加，就會影響到他的舉止談吐。所以，父母不要操之過急，要耐心地引導孩子多讀書。

幽默是一種智慧，是一種積極樂觀的生活態度，幽默是人際交往中的潤滑劑。幽默意識、幽默感、幽默能力是一種良好的特質，它與一個人的發展和生活的幸福有著直接的關係。所以，培養孩子的幽默意識、幽默感、幽默能力應該成為我們家庭教育中的一部分。那麼，父母怎麼培養孩子的幽默感呢？請看表 4-7-2：

表 4-7-2

1 培養孩子積極樂觀的心態	幽默的心理基礎是樂觀、積極向上的心態。一個自卑的孩子是很難說出幽默的話的。所以，父母要培養孩子的抗挫折能力，讓他笑對失敗，看事情時要多看事情積極的一面，不能總是悲觀失望。
2 培養孩子的自信心	真正幽默的人，心理很強大、有主見，而這些特質是建立在他自信心的基礎上的。他不怕自己做的事情受人嘲笑，而且非常善於自嘲，這種自嘲實際上是建立在自信的基礎之上。
3 培養孩子敏捷的思維能力	幽默常常需要機智。而且幽默的人觀察事物有自己的角度，不因循守舊，對事物有自己的看法，觀點新穎。因而常常會語出驚人。
4 培養孩子的理解能力	真正的幽默，需要用心體會。孩子要能欣賞別人的幽默。

5 培養孩子的語言表達能力	豐富的詞彙有助於表達幽默的想法。如果詞彙貧乏，語言的表現能力太差，那也無法達到幽默的效果。父母平時可以多跟孩子講講幽默故事、機智故事、腦筋急轉彎等等，訓練孩子思維的敏捷性，豐富兒童的詞彙。

第 5 章

用「心」傾聽

會傾聽的父母，能走進孩子的心靈

我在 B 市舉辦「生命覺醒」的課程時，中途在與學員互動時，有一位年輕的媽媽向我提了一個令她非常糾結的問題，她說：「諸葛老師，我的孩子今年才上國小四年級，就提前進入了青春期，他一點都不聽話啊。」

我問她：「孩子不聽話具體表現在哪些方面？」

她猶豫了一會，說道：「說不上來，總之就是不聽話。比如，我們說話時，他不回應，也不反駁，總之臉上沒有任何反應，小小年紀就學會了面無表情。」

我笑著提議：「那就講一些他感興趣的話題，等他接話了，或是說到興奮處時，你們再趁機跟他溝通。我女兒小時候，我們就是用這個方法套了她許多心底的小祕密。」

沒想到她一臉愁眉苦臉：「孩子太不聽話了，很少跟我們說話，所以我們真不了解他，不知道他對什麼感興趣。」

我說：「你要想了解孩子，就得學會傾聽孩子說話。你認真去聽，才知道孩子在想什麼。任何一個孩子，都不想聽父母在自己面前嘮叨。」

她說：「哦，諸葛老師，我明白您的意思了，要想了解孩子，我們就得在孩子面前少說多聽。」

我點點頭，說：「善於傾聽，是改善親子關係最實用、最簡

單的一種方法，但卻很容易被我們忽視。」

幾年來，我見到過太多的父母，在孩子面前連珠炮地說話，而孩子要麼是一臉麻木地聽，要麼是頂嘴，導致的結果就是親子之間的談話不歡而散。倒是那些善於傾聽的父母，別看他們在孩子面前很少開口「訓話」，但他們的孩子卻很懂事，幾乎從不跟父母有過多的衝突。

在我看來，父母學會傾聽，是教育孩子必須掌握的一門藝術。古人說，「金誠所至，金石為開。」當你跟孩子在感情上溝通了，心靈上自然會引起共鳴，這時孩子才能敞開心扉，把你當成最要好的朋友。父母學會了傾聽，能讓你走進孩子的內心，聽到孩子的心聲。

在家庭教育中，只有讓孩子把自己的觀點和意見完全表達出來，父母才能真正了解孩子，無論他們的觀點讓父母多麼地自豪或生氣。父母都要傾注更多的愛心和耐心，為孩子營造平等對話的氛圍，使孩子的任何心理問題都可向父母表露，與父母交流。

父母只有懂得傾聽，才能讓你更深刻地了解你的孩子，也了解你自己，客觀、辨證地看待自己，才能做一個合格的父母。

我從事家庭教育工作這麼多年來，一直在強調父母要做「會傾聽」的父母。我之所以把「會傾聽」看得如此重要，是因為一般人喜歡講，不善於聽。孩子更是如此。所以，如果孩子喜歡講，你善於聽，那你了解孩子的所思所想是分分鐘鐘的事情。

戴爾．卡內基（Dale Carnegie）是美國現代成人教育之父，美國著名的人際關係學大師，西方現代人際關係教育的奠基人，曾經被譽為 20 世紀最偉大的心靈導師和成功學大師。關於傾聽，他說道：「一對敏感而善解人意的耳朵，比一雙會說話的眼睛更討人喜歡。」

有一天晚上，卡內基到一個著名植物學家家裡做客，植物學家很健談，他滔滔不絕地向卡內基講各種千奇百怪的植物的作用。卡內基饒有興趣地聽著，遇到聽不懂的問題時，就像一個孩子似地問一兩句。對方立刻熱心地告訴他答案。

整個談話過程，卡內基都在聽植物學家講。他們結束談話後，植物學家高興地握住卡內基的手，由衷地說道：「到目前為止，你是我遇到的最好的談話專家。」

這就是傾聽的重要性。別看卡內基在與植物學家交談時，幾乎沒說話，但他因為懂得傾聽，所以獲得了「最好談話專家」的美稱。而親子溝通也包括「聽」和「說」兩個方面，但「聽」比「說」更重要。孩子來找父母傾訴，除了親情的連結外，更多的是因為他們遇到了自己無法處理的問題。面對孩子的傾訴，父母只有做到了善於「聽」，孩子才願意「說」。

如果父母學會用坦誠的態度來傾聽孩子的心靈之音，就會讓孩子真正感悟到來自父母的關愛與鼓勵，從而對你產生信

任，這時你的一言一行能與孩子產生共振。

會傾聽的父母，會在孩子表達自己的意見時，掌控好自己的情緒，即便是要插話，也會先思考一下再張口說話。即使孩子犯了錯，父母在孩子面前也要做到冷靜、不急不躁、耐心傾聽，跟孩子展開討論而不是爭論，幫助孩子尋找解決方法而不是埋怨他們做錯了，引導他們制定新的目標而不是命令他聽你的。孩子只有在與父母平等的對話中，才會認真地自我反省。

我在工作中接觸過的親子關係緊張的例子中，80%親子關係處理不好的主要原因是出現在溝通不暢方面。而影響親子溝通困難的家庭中，父母不會傾聽孩子的談話是最主要的原因。所以，父母只有「會傾聽」，孩子願意「多說」。父母怎麼才能做到「傾聽」孩子的心聲？我分析了一下，可以從以下幾點入手（表 5-1）：

表 5-1

1 為孩子營造平等對話的家庭氛圍。	父母越是跟孩子平等對話，孩子越是願意向父母敞開心跡，任何心理問題都會向父母表露，與父母交流。這要父母在生活中能真正做到把孩子當作朋友，以尊重、理解、平等、民主的方式對待孩子，多些寬容與鼓勵，少些命令與指責，與孩子建立相互信任、相互關心的朋友式關係。

2 掌握傾聽藝術，走進孩子的心靈。	傾聽不是光聽不說，而是要用欣賞的方式傾聽孩子說話，在聽的過程中，父母要專心致志地聽，而不是敷衍了事。盡量用欣賞的眼光和口吻對待孩子的談話。當他講學校和朋友以及他遇到的每一件事情時，不管事情大小，父母都要帶著欣賞、理解的微笑認真地聽。久而久之，孩子會把自己的心裡話講給你聽。
3 傾聽時要善於體察孩子的內心。	傾聽孩子說話時你要放下手邊的事情，專心聽孩子講話，讓孩子感覺到你對他的重視。同時還要觀察孩子的表情、動作，結合他的語言，從中發現孩子所省略或未表達出的內容。
4 傾聽時學會使用身體語言。	在人與人的溝通中，身體語言所占比例也很大。父母在傾聽時不能隨便地使身體運作，而是要適時、適度，神情專注地聽，讓孩子從你的身體語言裡獲取到你發出的「我在認真聽」的信號。這樣會帶動孩子的說話欲望。
5 多重複孩子的話。	父母親聽時要注意回饋，及時了解到自己是否真正聽懂了孩子話中的意思。比如，你可以重複孩子的話：「你剛才說的 ...... 話，是 ...... 意思嗎？」這樣，既讓孩子感覺到你對他的話很重視，又能確定孩子的主要意思，避免誤解或曲解孩子的話。
6 要善於使用語氣詞。	在傾聽中，可以經常使用「原來是這樣啊」、「你描述的真生動」、「我終於明白了」等語氣詞，這些言語是在向孩子傳遞「你講的話我喜歡聽」等信號。如果你在這麼說時，再配上恰到好處的肢體語言，會讓孩子更堅信你「重視」他的話，從而對你更信任。

掌握傾聽的藝術，與孩子心有靈犀

有一次，美國知名主持人林克萊特訪問一名小朋友，問他說：「你長大後想要當什麼呀？」小朋友天真地回答：「嗯，我要當飛機駕駛員！」林克萊特接著問：「如果有一天，你的飛機飛到太平洋上空，所有引擎都熄火了，你會怎麼辦？」小朋友想了想：「我會先告訴坐在飛機上的人綁好安全帶，然後我掛上我的降落傘先跳出去。」

當現場的觀眾笑得東倒西歪時，林克萊特繼續注視著這孩子，想看他是不是自作聰明的傢伙。

沒想到，接著孩子的兩行熱淚奪眶而出，這才使得林克萊特發覺這孩子的悲憫之情遠非筆墨所能形容。於是林克萊特問他：「為什麼要這麼做？」小孩的回答透露出一個孩子真摯的想法：「我要去拿燃料，我還要回來！我還要回來！」

我想，當為人父母的你，在聽到這個故事時，或許能夠明白什麼是傾聽的藝術。那就是，不能在孩子話說到一半時，就自以為是地打斷他。

親子溝通是雙向的。我們雖然是父母，但在和孩子交流時，也不能單純地向孩子灌輸我們自己認為正確的思想，我們還要學會注意孩子的反應，聽他們的見解。在聽的過程中，我們要掌握傾聽的能力。

什麼是傾聽的能力呢？

顧名思義，所謂傾聽的能力，就是一種能力、一種素質，一種思維習慣。良好的傾聽具備三點，見圖 5-2-1：

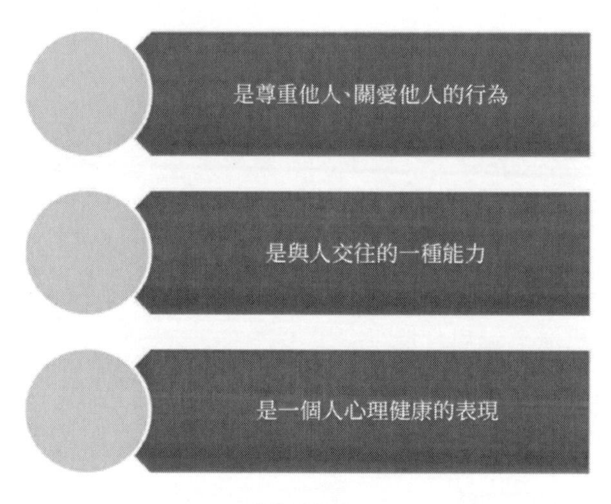

圖 5-2-1

傾聽的能力是一種藝術，也是一種技巧。對於父母來說，要想讀懂孩子、了解孩子，在傾聽孩子說話時要專心。當你用心傾聽孩子的聲音時，是對孩子最好的關懷和體貼。時間久了，孩子的所思所想，你都能了然於胸。當你和孩子心有靈犀時，會贏得孩子的信任。

為什麼有些家庭，父母跟孩子紛爭不斷，其原因就是父母和孩子沒有足夠的信任基礎。一旦孩子有了錯，不了解孩子的父母要做的事情就是跟孩子「吵」，根本不聽孩子的解釋，不是

不想聽，而是聽不明白孩子說的話。在這種情況下，父母會對孩子做出如下行為，見圖 5-2-2：

因為父母對孩子的想法不了解，所以，就一廂情願地向孩子嘮叨，孩子根本不聽，父母等於是自說自話。

由於父母誤解孩子的意思，就會主觀地為孩子定下莫須有的「罪行」，然後進行沒有意義的教育。

父母不懂孩子，也聽不明白孩子的解釋，就用自己的思維模式和接受能力去衡量孩子。這樣一來就釀造了不少冤案、錯案，激起孩子的逆反情緒，影響親子關係。

圖 5-2-2

別看我們跟孩子生活在一起，若你不能懂他，那麼父母跟孩子永遠是兩個世界裡的人。如果父母不想辦法解決，就會讓孩子的心離你越來越遠：孩子小時，你可以以父母之名，用威嚴來鎮壓他。但這樣做只會讓他表面上怕你。而且你只是一時地「管」住他。當孩子長大了，翅膀硬了，他就會反抗並且遠遠地跟你保持距離。

父母知道了這個道理，就得正視跟孩子之間的關係。不能動不動就以愛之名、以父母之名，來「要挾」他們。而是讓他們真正地佩服你、愛你。這才是對孩子最好的教育，也是成功的教育。那麼，怎樣才能達到這樣的教育效果呢？

很簡單，就是要做到良好的傾聽。父母只有傾聽，才能了解孩子的真實想法，才能了解問題的真正根源。

其實，孩子眼裡的世界和成人眼裡的世界是不同的，父母如果做到了耐心、認真地傾聽他們的心聲，那麼就能夠理解他們的真實想法，這樣父母在跟孩子交流或是溝通時，能與孩子心有靈犀。這需要父母掌握傾聽的藝術，見表 5-2-3：

表 5-2-3

1 父母傾聽孩子說話時態度要認真	如果孩子受到委屈或有心裡話想訴說時，父母除了耐心還要認真、有誠意地傾聽。父母在傾聽的過程中，要學會透過現象看本質，透過孩子的身體語言、情感，弄清話中的真實含義，掌握孩子的真實意圖，從而有的放矢地做好導向工作，促進問題的順利解決。同時，還要對孩子的言行、情感等方面，給予正確的評價和引導，少一些否定評價和反面限制。有時孩子的問題童稚味很濃，如，孩子問「世界上有沒有白雪公主」，你應該認真地告訴他「白雪公主是童話裡的人物，如果你能像白雪公主那樣善良，也會成為現實生活中的白雪公主。」這樣，孩子會感覺到你沒有敷衍他，而是在用心聽他講。 孩子們的世界與大人不同，常憑藉自己的好惡了解事物和思考問題。當孩子講述一件事情時，我們不

	能只聽他說，還必須聽到藏在話語背後的含意。這就要求父母不僅要傾聽孩子「說」了什麼，還要傾聽他的語言裡包含的「感覺」是什麼，更要「讀」出那些用身體「做」出來的「語言」。如果沒有認真傾聽的態度，這些話語裡的潛在意思，肯定是無法揣摩出來的。
2 父母傾聽孩子說話時要有耐心	當孩子說話時，無論他的表達是否清楚、完整，我們都應該耐心、沉著地等待他說完。特別是孩子發表見解和意見時，更要耐心傾聽，提供表達情感的機會給孩子。在孩子沒有充分把意見表達出來之前，不要隨意表現或亂下斷語，也不要隨便批評。千萬不可因孩子說話過長而感到厭煩，或粗魯地打斷孩子的說話。即使不同意孩子的看法，或有必要糾正其不同的觀點，也要等孩子把話講完後再闡明自己的觀點。要知道每個孩子都希望自己的話能受到重視。耐心地聽孩子說話，就是在向孩子傳遞這樣一個訊息，你說的話都很重要，我重視你的意見。這樣能夠建立孩子的信心和自尊，同時，讓孩子更願意把自己的想法說出來與父母分享。
3 父母傾聽孩子說話時要表現的有興趣	讓談話者最掃興的事聽到對方說「我早就知道了」，這意味著聽話人對談話已沒有了興趣。在和孩子的交談中，爸爸很容易失去興趣。有些爸爸常常是剛聽到孩子說兩句話，就不耐煩地說「知道了，知道了，別煩我」、「該幹嘛幹嘛去，沒有工夫聽你閒聊」。如果孩子察覺到你對他的談話沒有興趣，他便很難有興趣把自己的真實想法告訴你。所以，爸

3 父母傾聽孩子說話時要表現的有興趣	爸在傾聽孩子說話時，應集中精力、端正態度、全神貫注，盡量注視孩子的眼睛，不要做看手錶、挖耳朵、打哈欠等影響孩子情緒的動作，讓孩子覺得你心不在焉。

同理傾聽，認同孩子的情緒感受

有一次，有一位母親問我：「諸葛老師，我們平常跟孩子溝通還可以，可是，孩子一旦在外受了委屈，不知道為什麼，就很少跟我們講心裡話了。」

接著，她講起上週剛發生的一件事。

上週四，孩子的老師打電話來，對我說，孩子因屢次被高年級的一位同學欺負，竟然跑到那同學老師的辦公室，聲稱：「要是他再逼我，我就拿刀殺了他，然後再自殺。」

我聽後大驚，孩子能說出這樣的話，心裡得承受多大的壓力啊。

「在這之前，孩子在你們面前有什麼與往日不一樣的表現嗎？」我問。

她想了想，說道：「我記得有幾次，他跟我講學校有個男生，總是幫他取外號，讓他很生氣。我沒怎麼在意，他說多了，我就勸他，不要理那個男生，要以課業為主。」

我聽了，說道：「這就是為什麼孩子出現過激行為的原因，因為他的遭遇在你這裡得不到認同，只好自己想辦法解決了。而他畢竟是一個孩子，沒有更好的辦法阻止自己被欺負，才採取這種方式的。」

「諸葛老師，您說我該怎麼辦啊？」她很著急，「雖然這件事後來解決了，我擔心他以後再遇到類似的問題時，還是不願意跟我說怎麼辦？」

「很簡單，以後妳在跟孩子交流時，要進行同理傾聽，特別是當他向妳訴說自己的委屈時。」我回答。

「同理傾聽？」她問，「什麼叫同理傾聽。」

「就是在傾聽孩子說話時，不管孩子說的是真的還是假的，先認同他的情緒感受。這樣妳暫時跟他站在了統一戰線上，他會選擇信任妳。」我解釋，「下一步，他會把事情的緣由講出來，這時妳再詳細地了解情況。」

孩子在外受到傷害，不願意跟父母說，最主要的原因，還是出在父母與孩子日常的溝通不暢上，更確切地說，是在傾聽孩子說話時，沒有做到「同理傾聽」。我這裡說的同理傾聽，是指要求傾聽者暫時放棄自己主觀的參考標準，以對方的思考角度看事物。

當然，同理心不等於同情，這時你跟孩子的地位是平等的；同理心也不一定認同對方的所有觀點，但會尊重他的觀點，並理解接受對方的切身感受。

在我接觸的案例中，很多父母會告訴孩子們發生了什麼事，是什麼原因造成的，對此要有什麼樣的感受，該如何去做。這種「告訴」，不但會阻礙了孩子發展自己的智慧、判斷力、考慮後果的能力和負責任的能力，也阻礙他們發展把錯誤看成是學習機會的才能，同時，還會讓孩子以後再遇到這類事情時，拒絕跟你講真話。

因為當你告訴孩子發生了什麼事、如何發生的，以及為什麼會發生，是在教他們思考什麼，而不是教他們怎麼去思考。在一個充滿同齡人壓力、時尚崇拜和團體的社會中，教孩子思考什麼而不是怎麼去思考是非常危險的，特別是當一個孩子一遇到處理不了的事情就依賴「專家」指明方向，自己卻不運用批判性的思考能力。所以，我認為，父母只有做到平常認真傾聽孩子的話，才能了解孩子的真實想法和感受，所以。在你準備好並且願意傾聽孩子說話之前，可以問孩子下面這些問題（圖 5-3-1）：

圖 5-3-1

父母透過上面這四個問題，可以幫助孩子發展思考能力和判斷能力。下面這個例子，是發生在我和女兒小時候的一件事情：

我女兒上國小高年級時，有一天週末，她眼睛紅紅地回了家，難過地對我說：「爸爸，你買給我的電子錶，我找不到了，肯定是被人偷走了。」

看到女兒這麼傷心，我說道：「我真為妳難過。我能看出來你有多麼苦惱。妳把我事情發生的經過跟我說說吧。」

女兒情緒稍稍平靜了一些：「我今天上午跟好朋友阿紅在她們社區的空地上玩遊戲，就把錶摘下放在我們身邊的小椅子上。等我們準備回家時，我去看時卻不見了。我真恨那些偷東西的人，他們真是太壞了！」

我認同她的話：「對，這些人真是太壞了。可惜的是，憑我們的能力，是無法改變這些人做出這樣的行為的。」

女兒無可奈何：「是呀，這些可恨的人，只能讓法律制裁他們了。」

我說：「既然我們無法改變這些人偷拿我們東西的行為，那你覺得有什麼辦法會讓我們在以後保護好自己的物品嗎？」

女兒想了想：「我以後再也不把東西亂放了，特別是放在沒有安全感的外面。」

我說道：「我從妳的話中，能感到妳已經從這次痛苦的經歷中學到很多。妳是不是想跟我談談需要怎麼做才能再得到一支同樣的手錶，以及妳擁有後怎麼保管，才能避免以後不會再發生類似的事情。」

女兒：「爸，我現在還不想談這些事呢。」

我繼續勸她：「我覺得妳和我剛才都太難過了。妳認為我們需要多長時間才能感覺好起來，然後能夠理性地把這個問題談一談？」

女兒已經變得很平靜：「晚上吧，晚上怎麼樣？」

我贊成：「跟我想得一樣。」

做父母的都有一個通病，就是當孩子告訴我們一件事情時，總是忍不住對孩子要如何感受或解決問題進行一通評價和說教，這樣做的結果會讓孩子後悔把這事告訴你。所以，父母明智的做法，就是不要立即插手干預並替孩子解決問題，這是你幫助孩子對事情進行徹底思考並了解自身感受的大好機會。

你可以透過問問題來幫助孩子進行更深入的探究：「你能告訴我更多一些嗎？你能幫我舉一個例子嗎？對那件事你還有什麼想說的嗎？還有呢？」

多問幾次「還有呢」是很有益的，要直到你的孩子想不出更多要說的。要相信你在這方面的本能。你的孩子在得到傾聽和認真對待並知道需要考慮的都已經考慮過之後，感覺會好很多。

你還可以問：「你希望我幫助你用腦力激盪來找出解決問題

的其他辦法嗎？」但是，如果孩子沒有請求你的幫助，就不要試圖幫助孩子。

父母要想做到同理傾聽孩子用自己的耳朵、眼睛和心來同理傾聽孩子。當孩子傾吐完心聲後，其內心如同一杯倒空的杯子，這時再與他討論解決問題的方法就容易多了。而當孩子鬧脾氣的時候，我們在傾聽的時候要做好共情與引導。一般來說，父母在和孩子進行同理溝通時，必須掌握如下幾種技巧（圖5-3-2）：

1.全神貫注不分心。父母們在聽孩子的想法時，要把注意力集中在孩子的臉、嘴和眼睛上，專心聽孩子訴說，不要因其他事情分心。父母的專心能激發孩子的訴說欲，從而讓孩子盡吐心中鬱憤。

2.適時適當提問。對於孩子表述得不清楚的地方，父母可以提出相應的問題，以幫助孩子更全面地表述自己的問題，同時也讓自己可以更全面的了解孩子的感受。

3.控制自己的情緒。父母們在聽孩子訴說的過程中，對於孩子所說的不是很認同的時候，要控制自己的情緒，等孩子說完再說明自己的觀點。衝動地打斷孩子會損傷孩子傾訴的積極性。

4.重複孩子的話。父母在傾聽的時候，可以適時重複孩子的話，一方面可以證明你確實在聽他說話，另一方面也可以確定他表達的真正意思，不至於出現溝通誤會。

5.判斷孩子的需求。父母在傾聽時，可以根據孩子的語氣、肢體動作等來判斷孩子的需求，以便後面與孩子討論出可行的解決方法。

圖 5-3-2

適時沉默，「傾聽」孩子的情緒

當孩子心中懷有怨氣的時候，父母沉默有時能夠幫孩子更好地發洩這種怨氣。有時，父母也要做子女的聽眾，把子女的話聽進去，不僅是尊重兒女的表現，也是進一步溝通的必經之路。

前幾天參加同學聚會，一位老同學恰好是兒童教育專家，我就陳述了相關情況。他聽了之後，略作思索，說：「其實，大多數孩子都能夠自己察覺到錯誤，父母的責罵可能會造成當頭棒喝的作用。但責備過多，也許反而會讓孩子對錯誤採取無所謂的態度。如果你的孩子再次犯錯，你先不要著急糾錯，先沉默幾分鐘，看他自己能否意識到錯誤。」

抱著半信半疑的態度，我回了家。

有一年，我到 A 市看望一位在教育界小有名氣的朋友，我們在他家客廳談話時，他家的鄰居敲門進來。鄰居一進門，就生氣地說：「你管管你的兒子吧，他在遛狗時，跑到我家菜園裡，把我種的菜踩得亂七八糟。」

朋友連聲向鄰居賠不是，並答應會賠償他一些損失。鄰居前腳走出門，他的兒子後腳就進了家門，他兒子的鞋上還有菜葉。我以為朋友會訓斥他的兒子，沒想到，他只是嚴厲地看了一眼兒子，然後擺擺手，小聲說：「看你累成這樣，先去洗個澡吧。」

他兒子可能是做好了挨罵的準備，冷不防聽到父親如此「關

心」的話，有點吃驚地望著他，猶豫地離開了。朋友沉默地看著兒子離開後，繼續跟我交談。

過了沒多長時間，他兒子洗好澡換好衣服出來了，怯怯地站在他面前，內疚地說：「爸，對不起，我做錯事情了，下次我再也不會犯類似的錯誤了。」

看著那麼高的兒子，站在朋友面前，真誠地認錯，令在一旁觀看的我十分感動。我回頭看朋友，他沉默著沒有說話，臉上仍然很嚴肅。

「爸，我等等就幫鄰居整理菜園。」這個十來歲的大男孩為了彌補錯誤，費盡苦心，「我再問問鄰居阿姨，看看壞了的菜苗怎麼補上。如果賠錢，我用我的零用錢來賠。」

孩子不但承認錯誤的態度誠懇，還能把犯錯後的事宜處理得這麼確實，我心想：別看朋友表面上沉默，心裡一定很認可孩子的話。

果然，朋友語重心長地說：「你做了錯事及時改正，並且能找到彌補的辦法，還是一個好孩子。但以後必須要小心，在做任何事情前，要三思，想想這麼做到底對不對。一個人不能總是做錯事，再去改正錯誤，那是不好的。犯錯可以，要學會『吃一塹長一智』。」

孩子連連點頭，然後向我們告辭，去幫鄰居修補菜園了。

朋友笑著對我說：「別看孩子小，這些道理他都懂，根本用不著我們當父母的苦口婆心教育他。所以，當孩子犯錯後，父母不要急著批評，可以適時地沉默，這樣既給孩子一個緩衝的機會，又能讓他冷靜下來思考這件事，同時還不會讓他把犯錯的情緒轉移給父母。」

我笑著說：「你不愧是做教育的，你的沉默真是金，讓孩子自己承認錯誤，效果更好。我們父母要做的，是讓孩子明白，哪些事是應該做的，哪些事是不應該做的。」

朋友說：「我雖然沉默著，但我的眼神、表情、肢體語言，都讓孩子敏感地意識到自己犯錯了，而我的沉默是給他時間和機會。我平常就是用這種方法教育他的，現在他漸漸學會了及時改正錯誤，也越來越少犯錯了。你看吧，這幾天他表現會很好，到時我會打鐵趁熱、不失時機地表揚他的進步，他也會很高興。」

當孩子犯錯時，父母的適時沉默，其實是對孩子情緒的一種「傾聽」方式。你能在沉默中，觀察到孩子對自己犯錯的反省，這時他說的每一句話，都是發自內心。孩子說話時，即便你一個字不說，他也能清楚地感覺到你在「聽」他說話，所以，他此時說的話是他真情的流露。

家庭教育需要父母的耐心，特別是當孩子一旦做錯事情時，父母必須要學會忍耐，該閉嘴時就閉嘴，該沉默時就沉默。因為此時他總擔心父母會責備他，所以你此時一責罵他，正如他所想的一樣，這會讓孩子有一種「如釋重負」的感覺，對

責罵和自己所犯過錯也就不以為然了；相反，如果父母保持沉默，孩子的心裡反而會緊張，會感到「不自在」，同時，他會利用你沉默的這段時間來反省自己的錯誤，等他想明白後，會主動找你來認錯。而他此時的認錯，是帶有極大的誠意的。

不僅僅是在孩子犯錯時，我們需要沉默。即使他跟你說其他事情時，你也可以適時地沉默，這樣能避免說教或主導和孩子的交談。你可以偶爾地回「嗯」、「啊」之類的詞。你沉默或少說話，會讓孩子有很多話要說給你聽。

不做嘮叨父母，讓孩子做談話的主角

幾年前，有一位親戚帶著她的上國小的女兒來我家，一見到我，她就難過地指著跟在她後面的女兒說：「她今年十歲，國小三年級，本來她該上四年級的，可是她從上幼稚園大班時就不愛說話，我們就讓她上了兩年才上國小。以為她上一年級後會好一點，可是，情況更糟，她上課不敢舉手回答問題，有時被老師點名答題時，她不敢抬頭看老師，更別說回答問題了。」

親戚一口氣講著，好幾次我想打斷她，問孩子幾句話，可是她的話說得太快，我根本沒有機會。

「後來我找老師幫忙開導她，一年級下學期她才敢回答老師的問題，因為有一次回答錯了，老師委婉地說，從那以後，她幾

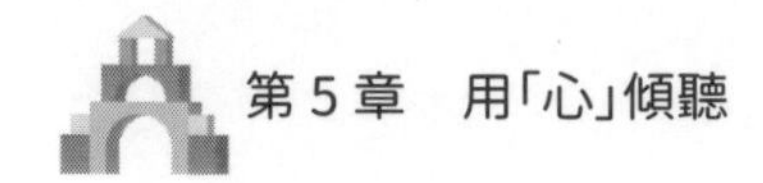

乎不再說話，上課不說，下課也不說，下了課同學們都去玩，她一個人坐在座位上發呆，平常對班級的各項活動更是不參加。唉，怎麼辦啊？你是做教育相關的，就幫我想個辦法吧。」

這時，終於輪到我說話了，我說：「我現在問孩子幾個問題——」

「你別問她，她那個性格，你是問不出來的。」親戚打斷我的話，說道，「你有什麼問題，你就問我吧。」

我看她這一副要說話的欲望，再看看她身後那個綿羊似的小女孩，突然明白了孩子不愛說話、害怕說話的原因。

於是，我嚴肅地說：「要讓孩子愛說話很簡單，就是當媽媽的少說話。多讓孩子說。」

十幾年來，我接觸過很多像親戚家的這種「綿羊」似的孩子，他們往往有一個嘮叨媽媽。他們站在父母背後，就像一件不會說話的「物品」，呆呆地站在大人背後，既沒有一般小孩的天真快樂，也沒有存在感。父母彷彿幫他們把話都說盡了。

「父母要想改變孩子不愛說話的習慣，就得在跟孩子交談時，配合孩子，讓他做談話的主角。」這是我對父母的建議。也是我的一位從事多年家庭教育的同事的體會。

我的同事 W，她的兒子就讀於某頂尖大學。學測時，她兒子的分數超出最低錄取標準幾十分。而她的兒子，並不是死讀書的書呆子，在學校人緣特別好。為此，很多父母向她請教教

育兒子的經驗。

面對各式各樣的問題，W 總是笑瞇瞇地說：「經驗談不上，就是跟他相處得和朋友一樣。」說著，她講起一件事情。

W 的兒子小時候，雖然話少，但特別調皮，每當家裡來了客人，他總是想盡一切辦法搞一些惡作劇。對於兒子這個臭毛病，W 和老公不知道教訓過他多少次。

W 說：「每次我教訓兒子時，他總是聽話地低著頭，一句話不說，那一副乖樣子讓我可憐他，以為他聽進去了。可是下次有客人照樣重複以前的行為，最後被我和他爸爸罵一頓收尾。」

她兒子七歲那年，家裡來了一位親戚，這個親戚是高中校長。親戚來後，她兒子跑過來又要搗亂，故意大聲地唱歌。W 正要喝斥他時，卻聽到親戚微笑著說道：「如果你唱慢一點，你會唱得更好的。」

她兒子一愣，這時，親戚來到他面前：「我也喜歡這首歌，你能否跟我分享，你為什麼喜歡這首歌？」

在親戚的引導下，本來是用這首歌來搗亂的孩子，竟然隨口說出了很多讓 W 驚訝的話。他說：「我喜歡唱這首歌的小朋友，我覺得這首歌裡的某某句好聽。」

親戚笑著鼓勵他：「你講得真好，還有喜歡的理由嗎？」

孩子於是又回答：「我唱這首歌時，心裡很快樂。」

親戚接著又問道：「你知道嗎？你唱這首歌時我也很快樂。你能再唱一遍給我聽嗎？」

那天，孩子在親戚的引導下，說了很多平常不在父母面前說的話。那一天，孩子表現很好，也很有禮貌。

親戚離開時，孩子拉著他的手，依依不捨地說：「叔叔，你什麼時候再來啊？」

看著兒子這麼平靜聽話，W 大吃一驚。在送親戚出門時，她忍不住問：「你是用什麼方法把我家孩子的人來瘋的毛病給治好的？」

「配合孩子，讓他當談話的主角。」親戚笑道，「孩子天生喜歡表現，這種表現包括情緒渲洩和良好的傾吐。若大人給予配合和引導，就能把他的情緒渲洩演變成良好的傾吐。」

親戚的話令 W 恍然大悟。從那以後，每當她跟孩子談話時，她會克制自己的情緒，配合著孩子，讓他多說話。

在孩子成長的過程中，父母是陪同他時間最多的人。孩子的言行舉止，取決於父母。當父母的話太多時，再好聽的話他也會厭煩，他年紀小，對大人的話就算反感也沒有辦法不聽，就會用沉默或是在人前肆意地搗亂行為來反抗。

親子交流是父母和孩子的雙向談話，父母話多了，孩子自然無話可說。所以，在孩子面前，父母要做到少說多聽，盡量採取恰當的方法來配合孩子多說。孩子跟大人不一樣，他還沒

有學習用語言來掩飾自己的內心活動。

孩子心中的所思所想，會透過他說的每一句話反映在父母面前。所以，我們要想做稱職的父母，就要學會當孩子的「配角」，多聆聽他說話，才能讓他釋放心中的所有壞情緒；多聆聽他說話，會讓你越來越了解他，從與他更好地交流和溝通。

為孩子創造說話機會，開啟他的內心世界

在我的粉絲專頁上，經常有父母在後臺問我：

「諸葛老師，我家孩子上學後，變得不愛跟大人說話了。每天一放學就嘆氣，問他話卻總是欲言又止。真怕他長期下去會憋出病來，怎麼辦？」

「諸葛老師，不知道為什麼，孩子自從上高中後，性格變得很孤僻，每天愁眉苦臉的，問他也不說。」……

我回覆他們：「主動跟孩子溝通，在溝通時多跟孩子創造機會，鼓勵他們說出內心的想法。」

我們也是從孩子的年齡走過來的。想想我們那時候，為什麼有些問題不願意跟大人說，就能理解孩子了。

孩子雖然小，但也有自己的想法和見解，如果他不能夠很好地向我們表達出來，我們就沒有辦法了解他的想法。若孩子總是不願意說出自己內心的想法，父母就無法了解孩子困惑或

是苦惱的原因，不能給予孩子及時的引導和幫助，這對他的成長非常的不利。

對於孩子來說，成長是一個漫長的過程。在他成長的每個階段，都會遇到這樣或是那樣的問題。這時候，父母只有鼓勵孩子說出心裡話，才能保證孩子心理健康。比如，當孩子在父母面前鬧脾氣時，其實鬧脾氣就是由於孩子的內心情感沒有得到合理宣洩。所以，這時候，父母要想辦法鼓勵孩子說出心裡的想法，孩子的情緒一旦得到恰當的宣洩，就會保持心理健康。

孩子的說話能力和水準，被用來當作評價孩子知識、修養和能力的重要標準，所以媽媽要重視孩子說話能力的培養，特別是對於一些不愛表達的孩子，媽媽一定要給予鼓勵和引導。

女兒九歲的時候，有一次我們帶她去親戚家做客。親戚家的孩子跟她同歲，可能是同齡人的緣故，他們一見面就有說不完的話題。

那天上午，我們大人在客廳聊天，女兒跟親戚家的孩子在書房看書。臨到中午吃飯時，女兒突然從書房出來，把我和老婆叫到一邊，小聲地對我們說：「爸爸，媽媽，我不想跟浩浩（親戚家的兒子）玩了，我要回家。」

老婆一聽，就生氣了，她說：「妳這孩子，怎麼這麼不懂事，我們大老遠來這裡，哪能說走就走，這多不禮貌啊。」

女兒被教訓後，一臉不快。

我心想，剛才他們還玩得很好呢，是不是吵架了？又一想，不對啊，並沒有聽到他們吵架的聲音啊。想到這裡，我向老婆使了一個眼色，告訴她先離開。然後，我對女兒說：「妳能告訴爸爸，是什麼原因讓你做出了突然離開的決定嗎？」

女兒欲言又止，我鼓勵她：「我知道妳是懂事的好孩子，做事情有自己的原則和底線，我猜妳這麼做一定是有原因的。好吧，妳不想說，我也不勉強，等妳願意說時再說，如果你的理由充分，到時媽媽不陪妳走，爸爸也陪妳。妳可以先到一邊安靜地去想一想。」說完，我拉著她來到院子裡，安排她坐在一個小椅子上後。就準備離開。

「爸爸，你等一等，我現在跟你說。」女兒站起來，說道，「我沒有跟他吵架。我就是不喜歡聽他跟奶奶（親戚的婆婆）的說話方式。」

「他是怎麼跟奶奶說話呢？」我奇怪地問。

「他跟奶奶頂嘴，把奶奶送來的水果偷偷地扔到垃圾桶裡。」女兒控訴道，「他不尊重長輩，還浪費，真是討厭。我不要跟這樣的人在一起玩。」

我聽了女兒的話，先是肯定了她尊敬長輩、不浪費的好品德，接著耐心地對她說：「我想他這樣做，一定是有原因的。就像妳要回家一樣。所以嘛，妳身為朋友，要問清楚才行。幫助朋友排憂解難，一向是妳的強項哦。」

女兒聽了，自信地說：「爸爸，我知道怎麼幫助他了。」

孩子的內心世界是很單純的，父母想要開啟孩子的內心世界，必須要用足夠的耐心來傾聽孩子的訴說，當他體會到你的關愛時，就會對父母更加親近與尊敬。同時，也有利於孩子把自己的想法告訴父母，有利於父母對他們進行目標明確的指導。

許多父母，遇到孩子叛逆的態度時，大都會搖頭大吐苦水：

「孩子到底在想些什麼？他為什麼不肯告訴我，我可是他最親的人啊？」

「孩子越長大變得越冷漠了，什麼心裡話都不說。」……

要解決類似的問題，我覺得這需要父母在跟孩子溝通時掌握一些如下技巧（表 5-5）：

表 5-5

1 平時多跟孩子聊天	現代父母最大的特徵就是「忙」。父母在家裡對孩子說得最多的話就是催孩子：快吃飯、快寫作業、快刷牙 ...... 孩子在父母這種快節奏的生活中，哪裡有時間跟父母說心裡話。所以，有智慧的父母，無論多忙，都會找出時間來跟孩子聊天，做溫馨有愛的親子對話，多聽他的想法，也適時說理給他聽，給他立即而適當的管教。 父母只有跟孩子接觸、聊天，才會知道他什麼是對的、什麼是錯的。當孩子犯錯的那一剎那，心裡自然而然就會出現一股約束力量，知道父母曾告訴他不可以這樣，錯事就可以不必發生了。

2 學會傾聽孩子的話	多數人都習慣說話，不習慣聽話，特別是父母面對孩子時，更要滔滔不絕，要他做個「聽話」的孩子。不聽孩子說，怎麼知道他在想什麼？不聽孩子說，又怎麼能了解他、管教他？所以，爸爸、媽媽想要有個聽話的孩子，必須要先「聽」孩子說「話」。要養成傾聽孩子說話的習慣，並不是很困難，只要告訴自己「少開尊口」就可以了。 當孩子在述說一件事時，你盡量忍住不要打岔，只需不時地點頭、微笑，或以簡單的言語鼓勵他說下去就可以了。當孩子發現父母有興趣聆聽他的「故事」，他一定會有興趣說給你聽。從傾聽中，父母知道他在學校和老師、同學的相處情形，他在班上暗戀的對象是誰，哪個同學有欺負人的習慣，他最討厭哪門功課（句子斷掉了）
3 鼓勵、說理代替責罵	孩子喜歡把「懶得理你」掛在嘴上，當孩子以這種態度對待父母時，其實他對爸媽的失望已經有好長一段時間了。因為，長久以來，他和父母溝通不良，乾脆「免談」。為什麼溝通不良？也許以前他是很喜歡和爸媽聊天的，可是常常他才剛開口，馬上換來一頓罵，久而久之他就不想說了。 親子溝通從談心、聊天開始，而良好的溝通除了由和緩的言語做起，一個微笑、一個擁抱，都是親子關係的潤滑劑。

不任意打斷孩子的話，讓他把話說完

幾年前，有一位母親帶著她上國小的「問題女兒」來我這裡諮商，她憂愁地對我說：「諸葛老師，我的女兒小小年紀，就非常叛逆，還不讓我們說，一說就頂嘴。不但在家裡跟我們頂嘴，在學校裡，她也經常跟老師頂嘴，因為她的事情，我們常常被老師叫到學校挨罵。上週三，我剛被她們老師叫學校談話，說她上課跟同學說話，說了她也不聽。」

「媽媽——」在旁邊站著的那個十來歲的女孩突然插嘴，「上週三發生的事情，真的不能怪我……」

「又頂嘴。」母親打斷女孩，批評道，「妳沒有看到我在跟老師說話嗎？」

女孩臉紅紅的，不敢再說話。

透過這一幕，我就明白了女兒「叛逆」的原因，就是因為平常父母總是打斷她的話，不讓她把話說完，導致她只有把許多委屈隱忍下來。久而久之，她就會顯得「不聽話」。

做了父母的都知道，有時候，當孩子高高興興地跑到我們面前，要跟我們分享一些事情時，由於我們忙著做其他重要的事情，就會毫不猶豫地打斷他，讓他過一會再說；若孩子訴說的是一件委屈的事時，父母往往會顯得很武斷，不等聽完就發脾氣，甚至責罵孩子。

父母這種不去了解真正的緣由就打斷孩子說話的壞習慣，非常不利於維繫親子關係。時間長了，親子之間的溝通就會發生問題，孩子會對父母產生反抗心理。所以，要想緩解親子之間緊張的關係，父母就得耐心一些，特別是當孩子跟你說話時，你要盡可能放下手頭的工作，先聽孩子把事情說完。在聽的過程中，不管孩子說什麼話，都不要打斷他的話。這樣會讓孩子覺得你很在意聽他說話，讓他覺得得到了尊重和鼓勵，也很願意說出自己的心裡感受。

在這裡我要提醒的是，父母在聽孩子的傾訴時，除了不能打斷他說話，還要根據自己的閱歷，給予合理的建議。例如，當孩子說起班上某個同學在下課玩耍時不小心推倒了自己，你要幫孩子一起分析，告訴他以後怎麼來保護自己，同時也不要去傷害其他同學。

第 6 章
孩子的高 EQ 與父母息息相關

先有快樂的父母，才有快樂的孩子

一個快樂的孩子背後，是有一對快樂的父母。得出這個結論，是在我的女兒出生後。記得女兒剛出生時，由於我和老婆初為父母，所以，照顧女兒時會心有餘而力不足。我們不耐煩時，會忍不住相互抱怨。那時出生沒多久的女兒，按理說應該什麼都不懂。奇怪的是，每次我和老婆大聲說話時，她總是睜大眼睛，我說話態度凶一點時，女兒就會放聲大哭。

為了哄女兒開心，我和老婆不再當著女兒的面爭吵和大聲說話，盡量講一些開心的事情。女兒看到我們笑時，她就會歪著頭看我們，嫩嘟嘟的小臉上掛著天真無邪的笑！

時間久了，我發現只要我和老婆說笑時，女兒也會很快樂。當時，我總結了一個規律：跟父母有血緣關係的孩子，在情緒上也是有連結性的。父母要想讓孩子成為一個快樂的人，那麼父母就得先做快樂的人！

孩子上幼稚園前，我和老婆工作很忙，母親就來我家幫我們帶孩子。那時，我和老婆每次買回水果或其他吃的。都會先讓我的母親嘗嘗。有時母親不想嘗，我和老婆會好說歹說，她邊嘗邊笑著說：「我這個老太婆真有福氣，兒媳比兒子還孝順。」

在我們的影響下，女兒也養成了有吃的先讓奶奶吃，再讓我和老婆吃，最後她自己再吃。如果我們不在，她會幫我們

藏一些起來，等我們回來再給我們。看到女兒這麼懂事，我和老婆一邊品嘗一邊高興地誇她，看我們高興，她也會笑得一臉燦爛。

我希望女兒永遠這麼快樂。平常在生活中，我以身作則，用自己製造快樂的方式來影響她。

有一次，我把公司年會上抽到的500元現金，買了年貨分發給同事。回家後，我把這件事講給老婆和女兒聽。

「爸爸，你為什麼要花自己的錢買東西給同事呢？」那時女兒上幼稚園大班，聽我講完後，她眨著大眼睛問。

「因為我們是一個小組，我們小組在跟別的小組比賽時贏了，每個人才有了抽獎的機會。我把自己的獎品分享給他們，也是在跟他們分享快樂。」我對女兒說。

女兒小大人似地點點頭，說道：「爸爸，我知道了，我過生日時，讓小朋友吃蛋糕，也是跟他們分享我的快樂。」

我笑著說：「對呀，妳在過生日時很快樂，當妳把蛋糕分給小朋友吃時，就是讓小朋友與你分享快樂。一個懂得分享的人，是最快樂的人！」

孩子年紀越小，越喜歡模仿父母。因為我和老婆經常把看到，或聽到的一些較有意義的事講給她聽。可能是受我們影響，那時候，女兒每次從幼稚園回來，都會把一天中發生的一些高興的事、傷心的事講出來，讓我們一起感受體驗她當時的情緒。

有一個週末，我帶著女兒與幾個小朋友在社區裡玩。當時他們玩的遊戲是拔河比賽。我特地為他們準備了獎品 —— 一盒彩色筆。哪組贏了就獲得一盒彩色筆，一盒彩色筆十二枝。一個小組有兩個小朋友，讓他們得獎後自己來分彩色筆。

有趣的是，不管是哪個小組贏了，他們在分彩色筆時，會把剩餘的兩枝彩色筆單獨拿出來，然後，一起商量決定給誰。令我感到驚喜的是，他們會把多出來的彩色筆分給年齡最小的弟弟或妹妹。

我之所以這樣教育女兒，是因為我知道，分享是一種美德，更是一種快樂。一個喜歡與人分享的孩子，會處處受人歡迎、受人尊重，容易成為別人的知己，很自然地能夠交到更多的朋友。

女兒六歲時，我的一個朋友帶著他的孩子來家裡，女兒就拿出我新買給她的書，分給那個孩子一起看。

「姐姐，妳看大書，我看小書。看完後妳講故事給我聽，我講故事給妳聽。」女兒說「這樣，妳看的故事變成我的故事，我看的故事也變成妳的故事了。」

朋友的孩子聽後笑起來：「妳好聰明哦。好，我看得快，到時我多看幾個故事，都講給你聽。」

女兒聽後也咯咯地笑了起來。

父母要想讓孩子擁有快樂，首先自己就得是一個快樂的

人。並且教給孩子快樂的方法，最直接的方法是讓孩子學會樂於與人分享。這需要父母在生活中多創造機會，來培養孩子自發的分享行為，讓他充分體驗給予及被給予帶來的快樂和滿足時，他就能體驗到人與人之間的溫暖和愛了。

學會跟孩子合作，他就懂得跟他人合作

我的一位學員，在網路上留言給我，說她上國小的兒子，這幾天突然變得不愛說話了，一回家就把自己關進房間，她和老公問他話，他先是沉默，問急了就吞吞吐吐地說「沒什麼事」，或是說一半又不說了，一副欲言又止的樣子。

「以前他一放學，會把他在學校發生的有趣的或是平常的事，都跟我說一遍。這還不夠，等他爸爸回來，他還要在餐桌上，把跟我說的話再重複一遍。我猜我的寶貝一定是在外面遇到大麻煩了。」她在這句話後面發了一張流淚的臉，「到底是什麼事情，他卻不肯說。我私底下跟他們班導聯絡過，他說孩子在學校表現得和以前一樣。諸葛老師，我真擔心孩子再這樣下去，會出什麼問題。」

我分析道：「孩子在學校若沒什麼異常的話，那他不愛說話的原因就出在父母身上。你們可能在無意間做過什麼事情，傷過他的心，讓他對最親的人都不再信任了。」

「不會的。我和老公對他像以前那麼好啊。」她說，「他要什麼，我們都會滿足他。」

「我的意思是，你和老公之間當著孩子的面，有沒有說過或做過一些讓孩子有所觸動的話，有時候，大人之間的對話，即使不是單單針對孩子，他也會記在心上。」我解釋說。

她聽完後若有所思，說道，有時候會當著孩子的面與老公爭吵，但很快會和好。這在以前也有過，孩子並沒有在意啊。

我建議她和老公再等等，孩子比大人更為敏感，心靈更為脆弱，別人無意識的一句話，都有可能傷到他們。當他們有心事時，一般不會先向父母講，而是自己在心裡去消化。他想不開時，才會向父母求助。因此，當你看到孩子情緒低落時，盡量不要去打擾他，要等著他向你傾訴，當孩子向你訴苦時，你最好不要用敷衍的話來安慰他，而是給予實質性的幫助。

她聽後，答應按照我說的去做。

一週後，這位母親對我說，兒子告訴她事情的原因了，就是跟最好的朋友鬧彆扭了。她聽後，對他說：「跟好朋友鬧彆扭，媽媽也很難過，來，我們一起想辦法解決這件事情，好嗎？」他聽後非常高興，母子倆一起想了很多辦法。

「現在，他們和好了。」這位母親說，「這件事之後，兒子對我很信任，他一有什麼心事，就對我說。」

當孩子心情不好或情緒低落時，父母要做的不是詢問他因

為什麼事情不開心，而是耐心地聽他傾訴。耐心地傾聽，是緩解他心情最好的方式。

身為父母，在孩子心情不好的時候，不要用一些空洞的話去鼓勵他，比如，「你要勇敢面對」或是，「這些困難對你不算什麼」等，一些沒有實質性意義的勵志話，孩子聽多了，就會把這些話理解成「我不能心情不好、不能生氣，這樣我會不勇敢」等。有了這種想法，他以後心裡有什麼苦楚，就會隱瞞起來不說話了。或者以亂發脾氣、不聽話的方式表達出來。

我女兒剛上國小時，每天放學後，她都會把在學校發生的事情講一遍，我和老婆總是耐心地聽。時間長了，就成了習慣。

有一次，她放學後沒有向我們講學校的事情，而是躲進房間寫作業。吃晚飯時，她也不像以前那樣說個不停。有好幾次，老婆忍不住想問她。我都制止她了。

我心裡明白，孩子不想說時，父母就要給她沉默的空間。

「喂，妳好像忘了什麼吧？」等她吃完飯要離開餐桌時，我看她心情好多了，就鬧她一下。

「沒有啊。」她奇怪地看著我回答。

「妳還沒有跟我們講故事呢。」我笑著說道，「妳忘了，每天聽妳講學校的事情，爸媽就像在聽妳講故事一樣，一天不聽不習慣啊。」

「我——」她欲言又止，接著慢慢地坐回餐桌旁。

「不管發生什麼事情，我們都會永遠愛妳的。」老婆趁機說。

「我今天，跟同學小勝吵架了。老師罰我寫悔過書。寫得不好還要找家長。」她小聲說，緊張地看著我們。

老婆一聽，情緒上來了，依她的性格，接下來她會說：「妳沒把人家打傷吧？妳為什麼要跟他打架？」

我心裡明白，當老婆把這些話講出來時，女兒嘴上不說，心裡會後悔把這件事情告訴我們的，等她以後再遇到這樣的事情，就不會再說給父母聽了。

我連忙向她使了一個「不要說話」的眼色，轉過頭對女兒說：「很高興你能把這件事情告訴我們，被老師罰寫悔過書，妳心裡不好受吧。」

「我覺得老師不公平。」聽了我的話，她大膽地說，「只叫我寫，卻不叫小勝寫悔過書。」

「哦，這件事換作是我，我也生氣。」我站在了她的立場，繼續引出話題，「是我真不知道該怎麼辦了。」

見我站在她那邊，她話變多了：「沒什麼大不了的，寫就寫吧。」

我點點頭：「真為難妳了。」又擔心地問，「是不是寫得不及格還要重新寫？」

她說：「爸爸，你不用為我擔心。其實我一次就能寫好。」

「哦，檢討有那麼簡單嗎？」

「檢討就是一個公式，套進去就可以。」

「就是多檢討自己的錯誤嗎？」

「對。」

「真可惜，如果這次吵架，妳沒什麼過錯的話，卻還要承擔責任，這樣豈不更冤枉。」

「爸，不瞞你說，我這次跟小勝吵架，其實主要責任在我，我太衝動了，先說了不好聽的話。」她有點不好意思，「我現在後悔了，寫悔過書時正好向小勝道個歉。」

「你真是個明事理的孩子。看來老師很會處理這件事。」我藉機糾正她對老師錯誤的看法。

「我們老師的眼睛是雪亮的。」她笑了，「下次真的不敢再犯這樣的錯誤了。老師說得對，同學之間要團結，不能動不動就動手。好了，不說了，我要去寫悔過書了。」

每個人都會有心情不好的時候，我們成年人會選擇自己寬慰自己，也可以找人聊天、聽音樂、看書等各種方法來排遣，可是對於孩子來說，由於心理不成熟，他們還不能理智地面對自己的負面情緒，對他們來說，最有效的方法就是傾訴，向自己的父母傾訴。

很多父母在聽到孩子在學校犯錯時，無法控制情緒，一張嘴就是「你怎麼會跟同學打架」或「這麼嚴重的事情你怎麼不早一點告訴我們」等，這樣一來，會讓孩子的心情更不好，不但讓他再沒有說話的欲望，以後再有什麼事情，還會瞞著你的。所以，父母在與孩子說話時，要給予適當的鼓勵，讓他們儘早如實地向大人講清事情經過。

當孩子願意跟你講話時，你要學會耐心地傾聽，同時鼓勵他傾訴，這樣能及時緩解孩子的情緒、幫助孩子解決問題。當孩子把內心的苦悶、憤怒、沮喪表達出來時，對於他們的身體和心理健康都很有益處。

孩子的獨處能力，源自他小時候和父母的相處

有一天黃昏，我和老婆帶女兒到樓下散步，在社區的健身廣場前，碰到樓下的鄰居小 A，她的兒子今年六歲了，非常頑皮，為了照顧好他，小 A 辭職做了全職媽媽。

「男孩精力太充沛，快把我累死了。」小 A 緊緊地拉著兒子的手，「我完全不敢放鬆，一不小心他就跑遠了。」

「媽媽，我也要去那裡玩。」那孩子說著掙脫了小 A 的手，向前面跑去。

「你給我回來。」小 A 衝我們無奈地笑笑，就小跑著去追她兒子。那小傢伙看到媽媽追他，不但沒有停下來，反倒來了興

致，一溜煙跑得沒了蹤影，急得小 A 大聲叫道：「寶貝，媽求你了，跑慢點，那裡很危險的。」

「我小時候也這樣不聽話嗎？」看到小 A 這樣辛苦，女兒小聲地問我們。

「小孩子都是一樣的，不過，妳很例外哦。」老婆笑著說。

「看來我小時候很懂事。」女兒得意地說。

「那是我們用了好方法哦。」我認真地對她說。

記得女兒兩三歲的時候，就已經跑得比我們大人還快了。那時候，我們每次帶他去公園或是商場玩時，老婆得跟在他後面不停地追趕，經常累得筋疲力盡。晚上回家後，老婆向我抱怨，說帶孩子比上班還累。

女兒四歲時，我有位美國朋友來旅遊，他們有兩個雙胞胎兒子，也是四歲。當時我們約好一起帶孩子到公園玩一天。臨去之前，老婆笑著對我說：「三個精力充沛的孩子，還不把我們這四個大人給累得團團轉。」

讓我和老婆想不到的是，美國的父母其實是全世界最「權威」的家長：他們一旦為孩子定下規矩，就必須施行。所以，當我和老婆在公園裡追著女兒到處亂跑的時候，他們堅定地阻止了她。

當時，他們的兒子聽話地在公園裡邊晒太陽邊玩石頭。我的女兒開始也加入到他們當中玩。我們四個大人就坐在他們旁

邊聊天。突然，我女兒又像以前那樣跑起來。老婆由於擔心她的安全，就跟在她身後，一邊保護她一邊提醒她「慢一點」。

朋友的夫人看到我老婆累得滿頭大汗，便說道：「親愛的，你不要一直追著她跑，你要告訴她：在這段時間裡只能待在這裡，哪也不準去。」

我無奈地說：「為了這件事，我們教訓過她很多次，她就是改不了。」

老婆說：「我們這孩子最害怕孤獨，沒有朋友玩，就會亂跑。」

原來，朋友家的兩個孩子，此時在各玩各的，一個玩小石頭，另一個用石頭疊小房子。兩人雖然離得不遠，但他們並沒有任何語言的交流。我的女兒大概是嫌他們不說話，感覺太孤獨，才亂跑的吧。

「不，親愛的，你不能替孩子找理由或藉口。你要讓她想辦法跟自己做朋友，學會獨處，而不是這樣受她牽扯，跟著她跑。」朋友的夫人說，「你告訴她時，態度要果斷，語氣要堅定。」

我懷疑孩子能否聽勸時，聽到老婆用堅定的聲音對女兒說：「現在，你必須待在這裡。」

女兒聽了，一副茫然的樣子，接著指著朋友的兩個孩子說：「他們又不跟我玩，太沒意思了。」說完又要跑。老婆把她拉回

來，再次堅定地說：「記住，你要先跟自己做朋友。現在，我讓你待在這裡玩你喜歡的溜滑梯！不準再亂跑。」

老婆是第一次用這種堅定的語氣跟女兒說話，她有點害怕了，就把求助的眼神投向我，我說：「聽媽媽的，待在這裡，你要學會一個人玩。」

女兒不再頂嘴，她好像明白了自己今天沒有別的選擇，只能乖乖地待在這裡玩。於是，她就一個人去玩溜滑梯。

那天下午，女兒果然沒有四處亂跑，一個人在那裡玩溜滑梯。後來又陸續來了其他小朋友，她就自發地排隊跟他們一起玩。

我們四個大人一邊看著三個孩子快樂安全地玩耍，一邊聊天。第一次，我覺得帶孩子是一件很輕鬆的事情。

這件事情讓我明白，「獨處」絕不是大人的專利，小孩子也一樣需要享受「一個人」的時空。這種獨處，能培養孩子良好的自制力及獨立的生活能力。

對於成人而言，獨處是成熟的象徵，善於獨處的人，更容易取得事業上的成功。對於孩子而言，獨處，不但能夠緩解他的壓力，讓他更專注地學習，還能培養他的安全感，使他早早地形成自動自主的意識，為他將來獨立做事情打下基礎。

幾年前，我到德國參加教育研討會時，曾經看到德國父母的教子方式。他們和全世界的父母一樣，也非常疼愛自己的孩子。他們認為，在孩子成長的過程中，父母要抽空多陪伴他，有了父母暖心的陪伴，孩子才會養成「獨處」的好習慣。

有一次，一位德國朋友邀請我去他家做客。他有一個三歲的女兒。我們吃完飯後，他和夫人就讓女兒回自己房間玩，並告訴她：「現在是你和自己玩的時間，我和媽媽不打擾你，你也不要打擾我們。如果你遇到困難，就隨時來尋求爸媽的幫助。」說完後，朋友和我在客廳聊天，他夫人則在書房看書。

兒童心理學家唐納德．溫尼科特（Donald Winnicott）相信，成年的獨處能力、享受孤獨的能力都是從這些片刻培養出來的，孩童在母親面前獨處的能力便是根源（為孩童提供這項天賦的並不一定要是親生母親）。他假設此刻幼兒的溫飽與身心接觸等立即需求已經獲得滿足，所以沒必要追求任何東西；嬰兒此刻的存在完全無拘無束。

父母陪著孩子獨處的好處就是，能讓大人和孩子享受到生活的樂趣，最為重要的是，能培養孩子專注做事、獨立思考的好習慣。另一方面，讓孩子學會獨處，是父母對他的一種高品質的陪伴，大人並不辛苦，可以用這些時間做自己的事情，所以，我們孩子小時候，我和老婆仍然有時間做自己的事情，把家收拾得像我們剛結婚時一樣整潔。這種陪伴既讓我們擁有高品質的、優雅的生活，又能全身心地陪伴孩子健康成長。

你擁有什麼樣的魅力，就擁有什麼樣的孩子

我的朋友 G 永遠也忘不了三十多年前，當她還是一個八歲的孩子時，有一次參加市裡舉辦的詩歌朗誦比賽的情景。

這場比賽是她代表學校參加的。老師和同學們對她寄予了厚望。為了這場比賽，她每天早上五點鐘起床對著鏡子練習，每天放學後，同學們還在教室裡陪她排練。

那時，同學們坐在臺下當觀眾，她在臺上聲情並茂地朗誦著。

她和同學們花了整整一個月的時間，來為這次比賽做準備。看到她表現得那麼好，老師和同學們都對她充滿信心。她也對此次比賽充滿信心。

比賽那天，G 的父母按照規定也參加了。她上臺前，父母笑著鼓勵她：「寶貝你是最棒的！別緊張，不管你有沒有得獎，我們都相信你是最棒的。」

然而，G 自己也沒有想到，輪到她上臺時，她看著臺下那麼多人，心慌起來，雙腿發抖，說什麼也不肯上臺。坐在臺下的父母急壞了，他們只得來到後臺，苦口婆心地勸她、鼓勵她，可無論怎麼說，她就是不敢上臺。有好幾次，她的父親都舉起了手，要不是老師攔著，那手就落到她身上了。

「你這麼懦弱、沒用，我沒有你這樣的女兒。」母親數落她，「以後別叫我媽媽了。」

她哭得一塌糊塗，把化妝師精心為她化的妝容都哭壞了。就在這時，她幾個要好的同學跑來，抱著她，輕輕地對她說：「不要害怕，我們就在這裡看著你，不管你有沒有得獎，你在我們這裡都是最棒的。」

「你就當是在我們的教室裡，表演給我們大家看。」另一個同學說。

G 聽後，含著淚笑了，她顧不上擦掉眼角的淚，像一隻出籠的小鳥一樣，飛奔到舞臺上。

那次比賽，G 贏得了大賽特優。

多年後，當她回憶起這件事情時，仍然有所觸動，她說：「不知道為什麼，當父母向我說那些鼓勵的話時，我突然間會感到很恐懼，覺得他們嘴上越說不在乎，卻越在乎。因為他們沒見過我跳舞。不了解我的實力，卻冷不防地要求我，這讓我感到莫名的恐懼。我無法相信他們的話。」

在提到為什麼會相信同學時，她說：「當同學們抱著我說這些話時，我覺得很溫暖。可能是覺得在我排練的過程中，他們一路陪伴著我，最懂我。我明白，他們說的話是真誠的，無論我有沒有得獎，他們都見證了我『優秀』的一面。可以說，參與了我比賽的過程。」

多年後，她有幸成為一個女孩的母親，巧合的是，七歲的

女兒在兒童節那天，要和小朋友上臺演出。

女兒跟她小時候一樣，性格內向，膽小怕事，不敢在人前說話。這次表演，若不是班上的女生少，老師點名讓女兒參加。女兒是說什麼也不會同意參加的。

為了讓女兒在表演那天不怯場，女兒排練時，她都會陪同。每天下班後，她讓女兒表演給她看，為了鍛鍊女兒的膽量，她有時還會讓女兒在社區的廣場上表演，吸引來很多人觀看。

起初女兒害羞，她會鼓勵女兒，甚至於學女兒那樣在人前表演。看著她笨拙的舞姿，女兒一邊說著她表演得不好看，一邊笑著自己跳。

表演那天，她是開車送女兒去的。在路上，心裡比女兒還緊張，她又想起自己當年的怯場，萬一女兒怯場怎麼辦？

「媽媽，我要是緊張了不敢上臺表演，你會不會罵我？」女兒突然問她。

她望著花一樣的女兒，望著女兒那雙清澈的眼睛，她眼前出現穿了一位身穿白紗裙，翩翩起舞的女孩子，沒錯，她就是自己的女兒。她跳的舞是那麼美 —— 那一刻，她看到了女兒最美的舞姿。

「不管你上不上舞臺唱歌，無論你得不得獎，你都是最棒的，因為我看到了你的努力，我看到了你最美的舞姿！」她由衷地說道。女兒先是愣了一下，接著抱著她的臉，輕輕地親了一口。

女兒那次比賽非常順利，還得了特優。

她從自己和女兒的比賽中，終於悟出了一個道理，當年她緊張，其實問題就出在父母身上：「自己的努力父母見不到，自己最棒的表現父母不知道，也就是說，父母沒有付出，卻想讓她為他們贏得榮譽，包括說的那些貌似鼓勵的話，是多麼空洞啊。他們什麼都沒有做，憑什麼要求孩子呢？

她對我說，這件事給了她很大的觸動，自此以後，她開始從忙碌的工作中抽空陪伴女兒。為了幫助女兒建立自信，在日常生活中，她盡量用愛的眼睛發現孩子的發光點，孩子哪方面做的好，做的有進步，她會及時給予表揚，激發孩子的上進心，增強她自我完善的意識和能力。

有一次，女兒主動提出要洗碗時，她沒有像以前那樣擔心女兒洗不好，或者怕她打碎碗，而是陪著女兒一起洗碗，當女兒洗好碗後，她還買了一個女兒喜歡的玩具；女兒和小朋友一起玩遊戲時，她在一旁是熱心的觀眾，看到女兒跟朋友完成一項任務時，她會給予熱情的祝賀；她帶女兒去附近的菜市場買菜時，會鼓勵女兒主動跟對方交流，看到女兒跟賣菜的叔叔阿姨聊得很好，她會誇女兒：「你很會聊天，比媽媽還會找話題呢。」

半年後，這個不敢在人前說話的小女孩，變得活潑開朗起來，並成為課堂上積極回答老師問題的活躍分子。

教育是一門沒有正確答案的藝術，但是有一點是共通的，那就是，孩子在小時候，跟他生活在一起的父母，是他的榜樣。父母身上具有什麼樣的人格魅力，會在無形中傳染給他。

對於孩子來說，自信來自於成功或進步的體驗。父母要懂得為孩子提供進步的機會，當孩子憑藉自身的努力，取得一次又一次的成功時，他的自信也會隨之而來。但前提是，父母必須是自信的人。

父母「輸得起」，孩子才能「贏得起」

「現在的孩子心理承受能力太差了。經不起一點挫折，一次失敗就能打倒他們。真擔心將來他走上社會，該如何面對生活和工作中的挫折。」

我的一位學員向我抱怨，接著，她跟我講起她女兒的事情。

她帶著女兒去鄰居家玩時，正好鄰居家的女兒跟她同年，她們在比賽唱歌的時候，女兒因為嫌自己唱得沒有鄰居家的女兒好，就哭著坐到一旁「罷賽」了，最後甚至要離開鄰居家。鄰居見狀連忙過來安慰，弄得她非常尷尬。

她說：「我女兒的學業成績一直不錯，排在班上前五名。

每次女兒拿著考卷回家時，為了獎勵女兒，我會徵求女兒的意見，是要錢還是要禮物。」

這次期中考試，她女兒沒有考好，考了全班第九名。她和老公都沒有在意，在他們看來，孩子的學業成績高一點低一點也沒關係，再說也不是大考。就沒有責備她，當然也沒有獎勵她。

沒想到，孩子一連幾天都不開心，還長吁短嘆，她安慰時，女兒反而哭了起來，說什麼自己好沒用，成績如果這樣下去，她都不想上學了。

聽了她的話，我說：「從兒童心理學的角度來講，每個孩子都多少具有一點『輸不起』的天性，無論做什麼事情，孩子總是希望自己能做到更好，比別人強，獲得周圍人的認可。可是因為孩子年紀小，各方面都不成熟，她並不了解自己的強項和弱項，在人前或是在集體活動中，一旦不如人、輸給別人時，她就會心情憂鬱，悶悶不樂。」

「那怎麼辦啊？」這位母親著急地問。

我說：「孩子怕輸的原因，其實很大一部分還是源於父母的態度。是父母在日常生活中，把輸贏看得太重要了。這需要父母在日常生活中不要太重視輸贏，要看淡輸贏，注重過程，那麼她也就不會太在意輸贏的。」

一般來說，孩子「輸不起」的表現為兩種：一種是當孩子

面對挫折、失敗時，他會採取迴避，逃避困難。比如，當父母責罵孩子字寫得潦草，不如他的同學寫得好時，他就會選擇放棄，乾脆不寫了；第二種是孩子面對失敗時，會變得暴躁起來，這種孩子性格比較急躁，如果輸了，會用哭鬧來渲洩他的負面情緒。這就是為什麼有些小孩子，一旦父母不滿足他的要求就會委屈的哭個不停。

當父母發現孩子有這種「輸不起」的表現時，不要去抱怨他，而是對他進行有意識地引導。讓他明白，做任何事情，結果不重要，重要的是參與的過程，要學會在過程中享受。因為我們在做事的過程中，會學到很多東西，可以說，這個過程也是讓自己成長的過程。

女兒小時候，我每次帶她和小朋友玩遊戲時，事先會跟她說：「你喜歡玩這種遊戲，是因為這種遊戲能帶給你快樂，你只要玩得高興就可以了。」

那時她最愛玩的遊戲是玩剪刀石頭布，誰輸了誰就唱歌或是表演節目。她不會唱歌，就讓她背詩。玩這個遊戲時，她輸得最多，每次她輸了時，不等朋友提醒，就乖乖地站出來，大聲背古詩。

她學古詩的興趣就是從玩遊戲失敗中學來的。等她上了學後，她在學校也是用這種心態對待課業和各種比賽，反而學得很好。

她上國小三年級時，有一次她最喜歡的數學考了八十分，她平常都是考九十五分以上。那次她雖然只考了八十分，仍是全班第一，但卻是她上學以來考得最差的一次。

那天她回家後，第一次難過地對我說：「爸，我心裡不好受。」

「你是說這次考差了吧。」我說，「這有什麼？考八十分你就嫌差了，你知道你以後要接觸多少次考試嗎？如果不失敗一次，你的考試之路還有什麼意義。那些真正的常勝將軍，其實戰勝的不是對手，而是自己。要知道，若他們沒有一次次的失敗，怎麼去吸取教訓，總結經驗，讓自己有新的突破。」

「你是說失敗也是好事。」

「當然了，你只要能找出考低的原因，失敗就是一次進步。」

「哦。我下午總結了一下，這次考得不好，是因為我太大意了。」她說，「我仔細看過了，錯的都是簡單的題。那些很難的題，我全都做對了。」

「那你從中吸取什麼教訓了？」

「以後再不敢小看任何簡單的題了。」她認真地說，「數學題，根本沒有簡單和難做之分，細心了，難做的題就簡單了；可一粗心大意，容易的題也會變難的。」

我笑道：「你這次失敗，很有價值啊。」

她連連點頭。從那以後，她把分數看得極淡，這也是為什麼她能夠在大考小考中做到超常發揮的原因。因為她知道，從輸中找到原因，是為下次的贏打下基礎。

現在，每當她在生活上遇到困難想退縮的時候，我就會給她一個參照物和一個她可以看得到、能達到的目標。然後明確地告訴她：「只要換一種角度看待失敗，失敗就不是壞事。關鍵是你在失敗後吸取了教訓後還能堅持下去，將來才會做得更好；如果你放棄了，你就永遠是這個水準了，那才是真正的失敗者。」

在家庭教育中，父母要想讓孩子「贏得起」，首先自己就得「輸得起」，先讓孩子正視失敗，才能讓他在失敗和挫折中堅強起來，不至於被失敗和挫折打倒。

實際上，孩子的所謂挫折感、無力感大多是由後天學習得來的。當孩子做得不好時，父母就先「輸不起」了，他們會責罵孩子：「你沒把心思放在課業上，恐怕不是讀書的料！」

久而久之，孩子也會用這些想法去評價自己。當他以後面對困難或失敗時，便由於失去自信心而採用放棄和逃避的態度。所以，當孩子遇到挫折、情緒低落的時候，父母要多跟他講一些比較勵志的故事，以此來激勵他。

除此以外，當孩子遇到挫折時，父母要少責備多鼓勵，盡量不要把焦點一味地放在結果上，重要的是孩子在此過程中肯嘗試以及為此付出努力。讓他明白「凡事盡力而為」即可，做任何事情貴在參與。即使失敗或是輸了，也並不代表他不行，只要他不放棄，凡事只要盡力參與，多從失敗中吸取教訓、總結經驗，總有一天會成功的！

父母好性格，孩子好人緣

松下幸之助說過：「以溫柔、寬厚之心待人，讓彼此都能開朗愉快地生活，或許才是最重要的事吧。」我們的孩子要想健康快樂地成長，就得懂得寬容待人。

我女兒小時候，有一次我送她和鄰居家的弟弟去游泳，下車時，鄰居家的弟弟不小心把她絆了一下，她一頭倒在水泥地上，撞破了鼻子。看到她流血了，鄰居家的小弟弟嚇得大哭起來。

「弟弟，不要哭，姐姐不痛。你看，才流這點血而已。」看到小弟弟內疚地流淚，她站起來的第一反應，就是笑著安慰小弟弟。

事後我問女兒：「你的鼻子流血了，真的不痛嗎？」

她立刻回答：「痛啊。」

我奇怪地問：「那你怎麼不管自己，反而安慰小弟弟呢？」

她說的一句話令我一愣。她說：「爸，我這是跟你學的啊。」

我不解地問：「跟我學的？」

女兒笑著講起兩年前發生的一件事情。

我們樓上的鄰居，因為家庭經濟拮据，為了節省裝潢費用，他們就自己裝潢房子，裝潢過程中，把我家的客廳和臥室全弄漏水了。

看著好端端的天花板漏水成那樣，起初我心裡也不是滋味，可我想到他們一定會比我更難過。於是，我到樓上告訴他們漏水時，還把自己知道的裝潢知識告訴了他們。為了不讓他們感到內疚，我對他們說：「沒漏多少。」

因為漏的是汙水，我家的天花板在風乾後，仍有一股異味，我只好自己動手，花費了好長時間，才補好天花板。當然，這種修補自然沒有原來時那麼好了。

我和老婆都沒有抱怨，以後再見到鄰居，依然熱情地打招呼。

這一年，女兒八歲。記得我在修補天花板時，她還在旁邊跑前跑後地幫我忙呢。

當女兒舊事重提講起這件事時，令我很感動，同時，我深深地感覺到，家庭教育，其實很簡單，不用你嘮叨，而是做好你自己就可以了。你的每一個眼神，你的每一句話，你的每一個舉止行為……就像電影中精彩的鏡頭一樣，印在他們的頭腦中，並且很難抹去。

寬容，是生活快樂的源泉，讓孩子學會包容他人，不僅可以培養其良好的行為習慣，也可以讓他們在成長路上收穫到更多的快樂與幸福。父母是孩子的榜樣，是孩子的導師，身為父母，一定要以身作則，讓孩子學會寬容。

如果孩子在父母的培養下依然以自我為中心，不懂得寬容，那麼不管在物質上給予孩子多大的滿足都是徒勞的，他在精神上始終有所缺失，心裡不會感到真正的幸福。

有一次我坐公車時，看到這樣一幕：有一對夫妻因為不想幫孩子買票，與售票員發生爭執。看他們爭論得不可開交，一路吵鬧，有位乘客就幫那孩子買了一張票。

那對夫婦不但連聲「謝謝」也沒說，還嫌那乘客多管閒事。

車開了沒一會，這個七歲的男孩與同車的一個年紀相仿的女孩吵了起來：「你把我的紙飛機弄壞了，把你手裡的玩具飛機賠給我吧。」

女孩反駁道：「你太不講理了，那紙飛機也是你從我這裡拿的啊。」

男孩卻說：「你給我就是我的了。」

他媽媽在一旁勸他時，他大聲叫道：「你和爸爸不是說，不是自己的東西也要爭取嗎？」

「你胡說，我們什麼時候跟你說過這些話。」他爸爸吼道。

「爺爺家的房子拆遷，媽媽跟你說，雖然沒有我們的分，也要跟他們爭一爭，不爭白不爭。」男孩大聲說，「她的玩具飛機那麼好玩，為什麼不能給我一個。」

孩子的話，讓夫婦兩個臉上一陣通紅。

那語氣，那音調，與剛才他的父母跟售票員的爭吵是那麼相似。

教育家馬卡連柯（Антóн Семёнович Макáренко）說：「開始教育自己的子女之前，家長首先應該檢討自身行為。」假如父母心胸狹窄，總是為一點小事爭執不休或得理不饒人，以你為榜樣的孩子，又怎麼會寬容待人？

孩子是父母生命的延續，也是孩子的第一任老師，因為與父母長期生活在一起，他會在不知不覺間，模仿你們的舉止行為、說話方式。所以，父母要想讓孩子擁有一顆寬容之心，就得在日常生活中，引導孩子學會換位思考，做與人共享的榜樣。父母的榜樣做好了，會讓孩子耳濡目染，受到潛移默化的影響，逐漸形成寬容的良好品格。

做不完美的父母，你才有「完美」的孩子

我的朋友 K，是一位心理學專家，她認為，嫉妒通常是因為別人佔有比自己優越的地位條件，或者喜愛的東西被別人得

到時所產生的感情。嫉妒的典型表現是：以自我為中心，不能正確評價別人和自己；過於自大，不能忍受別人比自己強，一旦有人比自己強，輕則躁動不安、憎恨對方，重則向對方進行打擊報復等。

十幾年前，K 和國中好友蓮一起考入明星高中。上國中時，蓮成績很好，是他們班上的班長。

上高中後，K 和蓮分在同一個班，住同一個宿舍。

蓮上高中後，成績沒有在國中時好了，她經常向 K 抱怨，說班上的同學如何如何待自己不好。K 就勸她：「我們剛上高中，彼此還不太熟悉，再加上各門學科的難度比國中時大了，大家才……」

「我看他們是看不起我。」蓮打斷 K，說道。

有一次，蓮與同宿舍的一個女生因為一件小事吵了起來，險些動手。事後她嫌 K 不幫她一起打那個女生。K 解釋說：「我們都是同學，還是不要鬧得太僵吧。」

K 讀書努力，加上長相甜美，愛音樂，會彈鋼琴，雖然成績一般，但 K 開朗、樂於幫人的性格，深受老師和同學們的喜歡。她和同宿舍的同學關係都不錯。

高一時，在學校舉辦的元旦晚會上，K 彈奏了一首名曲，那優美而動人的旋律，像涓涓細流，從她那靈巧的手中輕輕地流瀉而出，飄蕩在大廳裡，讓全校師生都沉浸在這美妙的音樂之中。

這次晚會後不久，她發現兩件漂亮的衣服莫名的丟失了，蓮告訴K，說她的衣服被同宿舍的兩個女生偷走了。叫K去告訴老師。

K沒有去，她說一來沒有親眼看到兩個女生偷拿自己的衣服；二來都是同學，平常也相處不錯，沒必要為兩件衣服傷了和氣。

蓮為此罵她是膽小鬼。她知道蓮是為自己好，也沒有在意。

接下來發生的事情讓K措手不及。

K過生日那天，母親特地為她買了她喜歡的一條裙子，還帶著她和蓮在學校外面的餐廳吃了大餐。蓮送了K喜歡讀的一套世界名著。

因為快期末考試了，K沒有來得及試穿母親為她買的裙子，就把帶著包裝的裙子收起來了。

那天晚自習時，同宿舍的一個女生臉色驚慌地告訴她：「你快去宿舍看看吧。」

她們向老師請假後，匆匆地趕往宿舍，在窗戶，她被眼前的一幕驚呆了。

背對著她們的蓮正用剪刀剪K那條漂亮的裙子，看著碎成一條條的裙子……她無法相信眼前的一切是真的。

K決定告訴老師，在她看來，蓮這種行為太不可思議了。

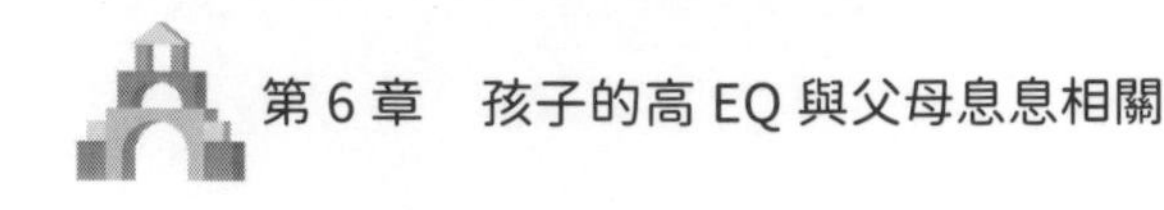

經過老師詢問，蓮說了實話，她說她無法忍受 K 處處比她強，在國中時，K 在她的眼裡就是一隻醜小鴨，同學們都不大喜歡跟她交往，只有她跟 K 要好。可是到了高中，K 與她的角色互換了，她嚥不下這口氣，就故意與同學鬧彆扭，想以此來試探 K 是不是像國中時那樣對自己死心塌地。卻發現 K 根本不吃她這一套，她因氣生恨，才偷她的衣服嫁禍其他同學，而 K 仍然不相信自己，才想剪她的衣服，若不被發現，她還會嫁禍別的同學的。

此事發生後，K 並沒有與蓮分開。她陪蓮去看心理醫生時，才知道，她的這種行為表現出明顯的道德缺陷，其心理狀態也表現出躁鬱的病態特徵。其行為與人格的形成、發展，與其成長環境有直接關係。

蓮出生在農村，父親從一個普通的泥水工做起，後來發展到自己承包工程搞建築，成了大老闆，積攢下不少錢。但因書念的少，文化不高，很難有更大的發展，所以把希望全寄託在孩子身上。

蓮繼承了父親的聰明，從小就擅長背唐詩宋詞，沒上學就能時背上百首，深得長輩的喜歡，特別是爺爺、奶奶，視她為掌上明珠，凡事都順著她，只要她喜歡的，只要她向父母開口，不管合不合理，父母都會滿足她的要求。

在教育蓮時，蓮的爺爺奶奶與父母發生了衝突，父母正常

的管教，經常因為爺爺奶奶的袒護而無效。這讓蓮從小就形成一種思維定式：凡是我想要的，就應該讓我得到。父母也認為：只要孩子成績好，將來能上大學，完成父輩未了的心願就可以了，因而放鬆了管教，導致蓮以自我為中心、驕縱任性。

蓮上國一時，母親讓她帶朋友來家裡玩，她卻說：「我沒有朋友，她們嫌我優秀，都嫉妒我！」

隨著年齡的增長，蓮變得焦躁，愛發脾氣，父母無計可施，只能盡量順著她。

在蓮的記憶中，父母對她的所有表揚都是為了討好她，讓她高興。長大後，她明知這是不存在的優點，可還是要忍不住相信。

由於蓮陶醉於父母虛假的讚美聲，並在這讚美聲中，以為自己就是比所有人都好，同時，她是堅絕不允許別人比自己強的。所以，當她進入人才濟濟的高中時，她心裡失去平衡，而她報復的第一個人就是身邊的 K。

正是 K 陪著蓮進行心理治療的這段經歷，讓她迷上了心理學。多年來，她透過接觸過的案例發現，孩子的嫉妒心理，大多源於父母的過度溺愛。所以，父母給孩子的愛要理性，一旦發現孩子顯露出嫉妒的萌芽時，不能嚴加指責、冷嘲熱諷，以免傷害孩子的自尊心，而是用美好的言行來教育他，在與他溝通時，態度要誠懇，同時要耐心傾聽他的訴說，然後和他共同分析問題，在和風細雨中消除他心中的種種困惑。

我小時候也有嫉妒別人的時候，是父親及時的教育，對我不完美的要求，才讓我成為後來「完美」的自己。

記得還是在國小三年級的時候，我的學業成績一直是班上第一。但在期中考試時，我的考試成績不是很理想，而我最好的朋友取代我考了全班第一。

看著他站在講臺上，一臉微笑地接過老師發的獎狀時，我的心別提多難受了，一邊小聲地說「有什麼了不起的」，一邊在心裡發誓，以後再不跟他玩了。

那天放學時，我第一次沒有跟他一起走。回家後，父親看我不高興，就問我發生了什麼事情。我如實相告，並惡狠狠地說：「他有什麼了不起的，不就才考這一次第一嗎？說不定下次他會考零分呢。到時我再考第一。」

父親聽後，耐心地說：「你有超過他的志氣是非常不錯的，但你有沒有分析一下，這次你為什麼沒有考好？」

我想了想，說：「我考試前，沒有聽老師的，好好地複習課本上的習題。考試時，看到那些題似曾相識，但又不會做，才錯了很多題。」

「哦。分析得不錯嘛。」父親笑道，「這就是你長於別人的優點，善於分析。知道了這次失誤的原因，就知道下次該怎麼做了。那我問問你，你的好朋友這次為什麼考得好？」

「他說他在考試前複習數學時，不但按照老師說的那樣認真

做課本後的習題。而且還把書上所有的公式背了一遍。」我想起他在講獲獎感言時說的話，「複習國文時，他也是按老師說的去複習的，老師說要考古詩和生字，他就把學過的古詩全部背了一遍，那些生字也背寫過了。」

「你看，這就是他考得好的原因啊。」父親說，「不管讀書還是做其他事情，要想讓自己做得更好，不是嫉恨或是貶低別人，這樣是不會進步的，嫉妒的害處很大。我們一定要克服它，千萬不要因為別人比你強而嫉妒那個人，討厭那個人，與其去嫉妒，不如讓你嫉妒的那個人成為你的目標，學習他的優點、成功的經驗，用自己的行動去超越他。」

就是父親這番話，讓我受益匪淺。在以後的學習中，每當我不如別人時，我不會去嫉妒別人，而是像父親說的那樣，尋找比我強的人的優點，藉以完善自己的缺點。

嫉妒是人性的弱點之一。在孩子的成長過程中，父母如果不能化解孩子心中的嫉妒，那麼他就會對比他強的人產生敵對態度，讓自己活在極度壓抑之中。所以，父母要想讓孩子克服嫉妒心理，就得讓他懂得，每個人都有自己的優勢和長處，但同時也有自己的不足和短處，任何人都不可能成為比別人強的「完人」。在與人相處中，既要學會欣賞自己的優點和長處，又要學會欣賞和學習他人的優點和長處。這樣才能夠讓自己不斷地進步，用自己的成功來取得別人對自己的喝采！

讓孩子成為最好的自己，是讓他跟自己作比較

雖然那件事情已經過去了很多年，但我的同事 Y 仍然難以忘記。

那年，Y 上國小四年級。她的同學叫靜，是一個性格外向、處處愛與人比較的女孩。

在班上，哪位同學穿了新衣服，第二天，靜必定會換上一件新衣服到學校；哪位同學換了新書包，靜很快也會換一個新書包……

除此以外，靜還喜歡跟同學比爸爸。

那時，Y 的爸爸是一家小廠的經理。靜知道後，立刻對 Y 和同學們說：「我爸在外地開著公司，每次回家時都開著小轎車，給我媽很多錢。買很多我愛吃的點心給我。」靜說完這句話第二天，就會帶著一包包點心來學校，讓同學們看過後再幫她吃掉。

同學們吃著靜的點心，就對靜說：「你爸真厲害，你家真有錢！」

在同學們羨慕的眼神中，靜會得意地笑個不停。

最初的時候，Y 為了和靜比較，和其他同學一樣，費盡心機，因為他們這種小孩子的比較，很認真，不僅僅只限於在嘴上過過嘴癮，還要付諸於行動，即拿出「證據」來。這樣一來，就涉及到了錢。小孩子又沒有任何經濟來源，就只有向父母伸

手要了。要錢時，還要煞費苦心地想出各種正當要錢的理由。

「媽，我的數學練習簿沒了。」Y 每次向母親要錢時，都是在數學練習簿上做手腳。這是因為她的數學成績好，是唯一可以拿出來當要錢的藉口的。

「你每天除了要錢還會做什麼？」母親說，「你看鄰居家的小梅，都上國中了，每次考試，都是全班第一，也沒見她像你這麼愛花錢。」

「小梅姐長得沒我好看。」Y 最討厭母親拿她跟小梅比，因為不敢說母親，就把火發在小梅身上，「你看她胖得像——」

「你這孩子，怎麼不跟人家比成績啊。」母親大怒，「你看你小梅姐，一放學就躲在家裡看書，哪像你⋯⋯」

「小梅姐的媽媽是老師，她會教育小孩。」Y 招架不了母親的數落，說道，「我問你什麼題，你都不會。」

「嘿，拿我跟她媽媽比啊，你怎麼不說她爸爸比你爸賺錢多啊。你嫌我不好，你去讓她當你媽去。」母親來了氣，「你說你怎麼就這麼不聽話呢，你看樓下的小麗，跟你年齡一般大，她——」

「那你讓小麗當你的小孩吧。」Y 最終被母親「打敗」，丟下這句話後，錢也不要了，跑進自己房間去生悶氣。

時間長了，Y 對這種沒有意義的同學之間的比較，越來越反感。

有一天，當靜又在她面前炫耀自己的爸爸如何如何有錢時，她沒好氣地說：「你什麼都比我好，可以了吧。以後別在我面前天天講這些話了，我耳朵都長繭了。」

靜愣住了，用一雙無辜的眼睛呆呆地望著她。因為在此之前，她們每天都會進行好幾次這樣的比較。

Y 不由得為自己的衝動後悔起來：「對不起，我每天在家裡聽我媽講這樣的話，早聽煩了。」

「我沒有生氣。」靜小聲說道，「我媽也愛講這樣的話。其實我也不想這樣，但我控制不住自己的嘴。」

靜的話一下子拉近了兩人的距離，兩個小女孩熱情地交談起來。從這以後，她們竟然成了好朋友。靜有時會向 Y 講出心中的苦悶：「我媽每天罵我爸懦弱，沒有她以前的男朋友有本事。」

「你爸不是開工廠嗎？」Y 問。

「不是，那是我騙你們的。」靜不好意思地說，「我爸在外地的一個小工廠裡當作業員，賺很少的錢。我媽沒有工作，有時幫人家帶孩子賺點錢。」

「哦，那你平常買衣服，買零食的錢，是向誰要的？」

「我媽給的。她怕同學看不起我，才給我錢的。」靜沮喪地說，「她每次給我錢時，都要把我跟親戚、鄰居家的小孩比一比，然後我就是一個什麼也不是的孩子了，再罵我一頓。經

過與別的小孩一對比，我發現自己真的是一無是處，感到自己很沒有用，想死的心都有，有時晚上睡覺時就在被子裡偷偷地哭。第二天上學時，怕同學們看不起我，我就說大話，與同學進行各種比較，等把同學比下去了，我才覺得好受一些。」

看著靜一臉的難過，Y 沉默了。她沒有想到，她和同學們看到的那個「風光」的靜，竟然有這樣一個悲戚的故事。靜的比較，原來是跟著母親學的，或許靜的母親拿別人與靜做對比時，目的是為了讓靜努力讀書，成為和別人一樣優秀的小孩。殊不知，她母親這種盲目的比較行為，影響到了靜，讓靜把比較作為發洩心中苦悶的管道。

Y 從靜的母親想到了自己的母親，想到以前自己和靜、同學們的比較行為，覺得這都是受父母的影響。她沒有與其他同學有過深的接觸，但她心裡隱隱地感到，她這些熱衷於比較的同學背後，跟她和靜一樣，也有一對愛把他們與人做比較的父母吧！

Y 大後，當她有了自己的兒子時，為了避免兒子與人盲目比較，她和老公商量好，在家裡盡量不講那些與人比較的話。

有一次，她去幼稚園接兒子，在路上，兒子問她：「媽媽，我爸爸比牛牛的爸爸本事大嗎？」

她一愣，接著問：「牛牛爸怎麼啦？」

「他爸是公司的副總，開著很貴的小汽車。」兒子說。

她看著兒子那張稚氣十足的臉，溫和地說：「寶貝，官位只是一個名稱，就像你們每個小朋友的名字一樣。那些真正有本事的人，是利用自己的智慧工作，憑藉自己的雙手吃飯，並不是要開多貴的車。」

兒子一臉疑惑地看著我。

「就比如，你以前不會穿衣服、吃飯，現在你不但自己會穿衣服、吃飯，還會背很多首兒歌、會寫字、會算數，這些都是你自己學的本事。」

兒子笑了，高興地說：「我還有更大的本事呢，我今天畫的大樹和房子，老師誇我畫得好。」

她鼓勵兒子：「只要你用心畫，你的畫會畫得越來越好，有人願意出錢買時，你就更有本事了。我們要學會跟自己作比較，比如，你透過努力，你今天的畫比昨天畫得好，就是一種進步。」

兒子大聲說：「我知道了。就像我爸爸，去年他不是主任，透過努力，他今年成為部門主任。他就是在進步。」

「對呀，這樣的比較才有意義呢。」她對兒子說。

實際上，孩子的比較除了受外界的影響外，更多的是來自家庭的影響。一個喜歡比較的孩子，其背後必有他們愛與人比較的父母，只不過，有的父母做得較為明顯，赤裸裸地與鄰居、朋友、親戚比較；有的父母做得比較理性。但不管你如何

做，都會在無形中影響到孩子。在日常生活中，我們經常會聽到這樣的對話：

「你成績這麼差，我真替你感到丟臉，你看你表姐，從上學後，成績一直是第一。」

「我要換一輛二十萬以內的車。比過我的朋友們。」

「這件衣服我是在專賣店買的，比我公司裡的所有女同事的衣服都貴。」……

當孩子喜歡比較時，父母不要強硬地否定他，而是根據他的具體情況，對他進行正確的引導和教育，用巧妙的方法來處理他的比較問題，同時還要在生活中注意你自己的言行。

我的女兒上國小時，有一段時間，她愛在餐桌上問我：「爸爸，我們班長的作文寫得特別好，有一篇還發表在校刊上。唉，我怎麼就不能像他那樣，把作文寫好呢。」

接著，她又對我老婆說：

「媽媽，你說我怎麼這麼笨，我的字怎麼練也寫不好。」

「媽媽，我還沒有我們班上的女生長得高呢，怎麼辦啊？」……

每當她這麼說時，我就對她說：「不要拿你的缺點與別人的優點比。這樣只會讓你越來越不喜歡自己。」

「我有優點嗎？」

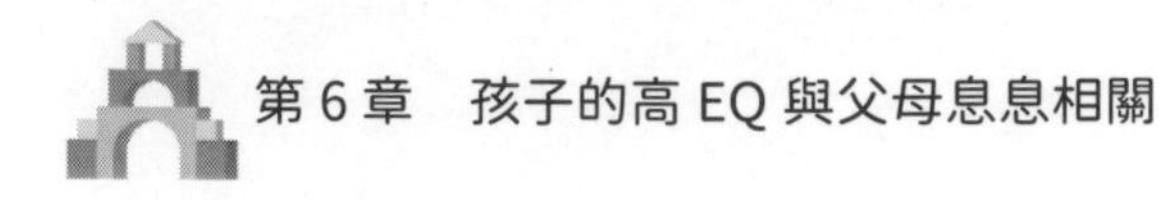

「當然有了。比如，你喜歡讀書，可以多看看書。你崇拜歷史上的英雄人物，為什麼不多看看他們的人物傳記呢。」我說，「多看這些書，不但會為你提供寫作文的素材，還能讓你的眼光變得長遠。」

在我的引導下，她開始看這方面的書，並且堅持每看一本書，就寫讀書筆記，堅持了不到半年，她的作文水準就提升了。令她想不到的好處還有，以前不愛說話的她，口才也提升了，在與同學交流時，她會隨口講一些歷史故事、名人勵志的故事，讓同學們大開眼界。平常，同學們都願意跟她玩，覺得跟她說話能漲知識。為此，她交了很多志同道合的朋友。

由於嘗到了甜頭，到現在，她仍然保持著每天看一個小時書的習慣。因為他的課餘時間全用在看書上了，就沒有心思與人比較了。

從另一個角度來看，孩子喜歡與人比較，並非壞事，說明他的心裡有競爭傾向。父母要對他加以正確引導，這時你可以轉移他的焦點，引導和培養他對於寫作、繪畫、下棋等多方面的興趣，有意識地讓他在課業、才能、意志力、良好行為等方面和同學進行比較，把他與同學物質上的比較，轉到課業中來。

第 7 章

激發智慧

「看」懂孩子的世界，大聲讚美他

「以前我覺得你是個傻子，沒想到你的畫還能換錢。看來是我看走眼了。」這句話中的「你」是我的朋友 M，說這句話的是 M 多年不見的父親。在講 M 的故事之前，我們先來看一個故事：

很多年前，美國有一對夫婦帶著他們一歲多的孩子到國外旅遊，每當他們從外面回到飯店時，夫婦兩人就把鑰匙交給孩子，讓他代替大人開房間的門。孩子拿著鑰匙搖搖晃晃地來到門前，用鑰匙在門上四處劃動著找鎖眼。因為年紀小，他在耽誤了好長時間後，仍然不能如願開啟房門。

天真的孩子不但不嫌煩，反而樂在其中，他一邊聽著鑰匙與門相碰時發出的聲音，一邊咯咯地笑個不停。夫婦兩人拎著東西饒有興趣地看著他一次次「失敗」地嘗試著，既不向他伸出援手，也不告訴他怎麼快速地把門開啟。

讓夫婦兩人想不到的是，經常會有路過的工作人員或其他客人，充滿熱情地幫孩子把門開啟。做完這些後，這些幫忙的大人就笑著看這對夫婦，等著他們說「謝謝」。

然而，這對夫婦非但沒有向幫助兒子的人表示感謝，反而對來自陌生人的「拔刀相助」略有不滿。在他們看來，兒子本人並沒有要求大人幫忙，他享受這種「神祕」的探索過程，即便沒有結果，他還是陶醉於其中。而夫婦兩人也願意陪著兒子玩這

個「遊戲」。所以，他們對這些不請自來的「幫助」者的做法感到不可思議，認為是他們的幫助沒有任何意義，不但打斷了孩子的思維過程，還破壞了他的探索樂趣。

這對夫婦就是霍華德．加德納教授（Howard Gardner）和他的夫人。加德納是世界著名發展心理學家，「多元智慧（Multiple Intelligences）理論」創始人。現任美國哈佛大學教育研究生院認知和教育學教授，心理學教授、波士頓大學醫學院精神病學教授和哈佛大學《零點專案》研究所兩位所長之一。

事後，加德納教授把發生在兒子身上這件事，告訴亞洲大中小學的各個階段的教育同行時，他們的回答出乎他的意料，這些亞洲同行都很贊同大人幫助孩子的做法。他們認為：孩子太小，什麼也不懂，大人要直接告訴他們怎麼做，這樣能讓他們在最短的時間內學到更多的知識，可以讓他們少走很多彎路，省很多時間。

加德納教授則執完全相反的意見，他認為，正因為孩子小，就得讓他帶著這個新鮮感，自己去探索去找到解決問題的方法。在這個過程中孩子既得到樂趣，又培養和發展了技能。不過，這種教育方式需要父母花很長時間，具有足夠的耐心，才能夠做到。所以，他認為，父母對孩子的教育不是不停地幫助，而是要多給孩子獨立思考和探索發明的機會，要花時間觀察挖掘孩子特有的高智慧領域並加以引導和開發，在孩了的個性和創造性上多花心思。

實際上，孩子以自己的強項做自己擅長的工作，會事半功倍，反之，則事倍功半。父母總是愛用自己的一套普通的標準來衡量孩子的智力，孩子一旦達不到這個標準，就給他貼上「笨拙」的標籤。實際上，父母這種教育，會扼殺孩子潛在的天分的。

接下來我們再講 M 的故事：

M 小時候話少，性格內向，八歲上學，上課時總是恍神，功課不好，留了好幾次級。為此，老師把 M 的父母叫去，請他們帶孩子去看病。至於什麼病，老師卻不知道。

那時，他經常一個人到田野裡去，看鳥飛，看花開，看水中的魚，一待就是一整天，不吃不喝，都玩得不亦樂乎。他不只是看，而是在看過後拿一個樹枝，在地上畫來畫去，嘴裡還唸唸有詞。

所有的人都認為 M 是傻子，父親也放棄了，他甚至和妻子商量，如何遺棄掉這個瘋傻的孩子。M 的母親一口拒絕，她堅信兒子不是瘋子，也不是傻子，只不過是一個與一般孩子不太一樣的「正常」孩子。至於，怎麼不一樣，她還沒有搞清楚。

為了讓孩子度過他與眾不同的少年時代，母親從不打擾他的世界，任由他在自己的世界裡自由快活著，有時還陪著他一起在野外玩。

在母親的陪伴下，M 會高興地歡呼。

M 十二歲時，父親拋棄了母親和他，帶著一個女人私奔了。父親走後，M 的畫風大變，他畫在紙上的畫，連鳥、魚都是憂傷的。

「孩子，這鳥和魚怎麼還流淚？」母親指著他畫中臥在草地裡流淚的鳥和魚問。

「牠們的爸爸和媽媽不要牠們了。」他囁嚅地說，「牠們沒有家了。」

「孩子，沒有了爸媽，牠們仍可以有自己的家，鳥的家在天空，魚的家在水裡，你的家在畫中。」母親說，「你們雖然沒有親情，但你們會透過飛、游泳和畫筆，回到屬於自己的家，你們的家是你們的地盤，在這個地盤上好好地努力，它會讓你們活得很好。」

聽了母親的話，M 沉思一番後，又畫了一幅鳥飛在天空、魚在水中游的畫。母親看著這幅栩栩如生的畫作，對他說：「牠們有了家，你也應該有，媽媽很快帶你去找你的家。」

一年後，母親帶他來到首都，用省下來的錢租了一間簡陋的房子，接著，她為兒子報了一個繪畫班，自己又去餐廳打工賺錢。

有了老師的指點，在村裡被認定傻孩子的 M，成為老師眼中具有畫畫天分的「天才」少年。在老師的指點下，他開始參加國內外的比賽，並多次「奪冠」。評委們稱他的畫會「說話」，稱他畫中的萬物帶著「孩子的純真、成人的憂傷」。

多年後，M成為著名的畫家，年老的父親被女人拋棄後，找到他時，說了本文開頭的話。

M的回答是：「假如您不用愛的眼睛看我的話，在您眼裡，我將永遠是那個傻孩子。」

M從不接受媒體採訪，他拒絕媒體的話是：「我不是什麼名畫家，我的事蹟不足以勵志，更不會成為別人的榜樣。我像天底下所有的孩子一樣，很普通，只不過我很幸運，有幸找到了自己的家，而這要感謝我的母親，是她指引我回了家，沒有母親的引導，我將是遊蕩在田野裡的瘋孩子。我相信只要父母換一種視角看孩子，每個孩子都能找到屬於自己的家。」

其實，每個孩子都是潛在的天才，父母要精心地守護、觀察和發掘他的興趣和特質。根據孩子的天性，幫助他們走一條適合的路。

愛因斯坦曾經說：「每個人都是天才。但如果你用爬樹能力來斷定一條魚有多少才幹，牠整個人生都會相信自己愚蠢不堪。」每個孩子就像每一片雪花一樣，是獨一無二的，身為父母，請尊重孩子與生俱來的、屬於他的獨特的生命氣質吧。

所有的理想都是從卑微開始的，鼓勵孩子大膽地追夢

在一次「生命動力」的課堂上，有位母親不無擔憂地對我說，有一次，她上國小四年級的兒子說，他的夢想是當一名清潔工。

「這有什麼好擔心的。」我說，「孩子正在做夢的年紀，有什麼樣的夢想都不奇怪的。他們的夢想會根據自己的喜好不停地改變著，就像我們小時候，看到穿著軍裝的軍人，就想當將軍；在電視上看到會武功的大俠，就也想去少林寺練功⋯⋯」

「要是這樣就好了。」她嘆一口氣說，「他這夢想好幾年沒變啊，我記得他上幼稚園時，家人問他將來想做什麼，他就說當掃地的。那時他還不知道清潔工這個詞。」

「諸葛老師，我該怎麼辦啊。」她看起來很傷心，「人家別人的孩子的夢想不是當作家、畫家，就是將來賺錢做老闆。你說我的孩子怎麼就這麼沒出息呢。」

看著她憂慮的眼神，我一時無話可說。

我們大人總是把工作的高低貴賤分得很清楚，並在日常生活中把這種觀念灌輸給孩子。認為清潔工、洗盤子等職業有失臉面。實際上，只要你想開了，這根本沒有什麼，只要孩子樂意做，喜歡做，在他們眼裡，就是神聖的職業。

小孩子的這種喜歡，單純得很，之所以單純，是因為他們還不了解這種職業，因為不了解而覺得神祕，因為神祕而產生莫名的喜歡。

我小時候，每次看到賣各種小吃的雜貨郎推著小車走過，心裡總是充滿嚮往。因為當時手裡沒錢，我只能眼巴巴地看著那些愛吃的零食發呆。

「我要是也能有這樣一個裝滿好吃的好玩的小車，那該多麼好啊。」我對著遠去的雜貨郎痴痴地想。

「媽，等我長大了，就推著小車賣糖果。到時我想吃什麼就吃什麼。」當我向母親講起我這個夢想時，她總是微笑著說：「做這個很好啊，不過很辛苦的。」

接著，母親向我解釋：「你得每天很早起床，比你現在還要早，到市區進貨，然後頂著烈日或是寒風，走街串巷。」

「比我上學時還要早起床？」我不解地問。

「是呀。」母親說，「做任何事情，都是有苦有樂，就像你上學一樣，雖然每天早起上學、課後寫作業很辛苦，但你學了很多知識啊。」

聽母親這麼一說，我那時雖然不大明白其中的意思，可心裡記下了做事情，不能光看美好的一面，還有另外一面。

上國小後，我很喜歡班導，她和藹可親，一說話就笑。那時我就想，將來要像她一樣，當一名老師。

我記得我把這個夢想講給母親聽時，她仍然笑著說：「當老師不錯噢，說說你為什麼這麼快就換夢想了？」

「當老師也會早起，也很辛苦，要提前備課，要幫我們批改作業。」我有了上次的經驗，說道，「我們調皮時還要跟我們講道理。我看到老師雖然很忙，但我們都很愛她。我想，將來我如果能有這麼一群學生愛我時，再苦再累也不怕。」

母親笑起來，她鼓勵我：「嗯，你有這樣獨特的想法太好了，還分析得這麼確實。我祝福你將來能成為一名好老師。不過，這不妨礙你以後再有新的夢想。只要心中有了夢，就去努力。」

隨著年齡的增大，我確實還有過其他夢想，但我牢記住了，每一個夢想後面，都離不開行動、努力。當我學會觀察自己喜歡的職業時，也就有了努力的方向。

當我大學畢業後，如願成為一名教師時，在課堂上與孩子們互動的過程，讓我越發深愛自己的職業。並由此而喜歡上了做教育。

孩子的每個夢想都藏著一個小故事，這個小故事裡有他的心事、願望，所以，不管孩子有什麼夢想，父母都要給予尊重，並讓他了解自己的夢想，如果他仍然喜歡，那麼就讓他按照自己的目標去努力吧。

我的女兒上國小三年級的時候，有一次她寫〈我的理想〉的

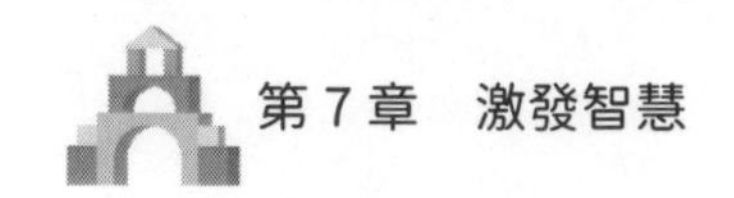

作文。寫之前，她問我：「爸爸，你的理想是什麼？」

那時我的事業剛剛有了起色，就說：「當一名教育工作者，讓更多的孩子愛上這個美好的世界。」

我的一番話似乎感染了她，她說：「爸爸，我覺得你說的好有道理，我現在的理想就是當班上的班長。」我說，這個夢想很好，只要你多幫助同學，說不定很快就能實現。於是，那天她就把她當班長的夢想寫進了作文中。

不久，她對我說，她想當「畫家」了。我仍然鼓勵她行動起來，從那以後，每到週末，我會帶她去看畫展，到野外寫生。

到了四年級時，她又告訴我，她的夢想是當一名會做菜的廚師。我照樣鼓勵她，並把家裡的菜譜給她看，有時陪她到菜市場去買菜，碰到我做飯時，我教她如何搭配菜。

到了五、六年級時，她的夢想又換了，說要當詩人、作家……總之，只要她說出自己的夢想，我就為她提供機會讓她去了解。

幾年過去了，我和女兒當初那些看似荒誕的夢想，竟然有很多成了現實。我真的從事了自己心愛的教育事業。女兒真的當上了學藝股長、會做幾道拿手的好菜、她的畫參加過畫展、在校刊上發表過詩歌、散文。

尊重孩子們的夢想。這是父母對孩子最好的教育，哪怕在你看來他的夢想很卑微，也不要嘲笑，而是尊重他，如果有機

會，就帶他去體驗這樣的職業，不管他能否實現夢想，他都在參予的過程中感受到快樂，這將會是他成長中最美妙的體驗。

父母也是從孩子那個年齡走過來的，相信你在這個階段，也像孩子一樣有過不同的夢想，有的是長久的，有的轉瞬即逝的，即便我們最終沒有實現那些夢想，仍然記住了擁有那些夢想時的激情。所以，當孩子對某種職業有熱情的時候，你一定要去幫助他，鼓勵他，帶他去了解。

在孩子的眼裡，工作沒有好壞之分，他們能看到的，只是某一個吸引他的東西。而對於孩子的職業教育，不是簡單地幫他劃分工作的層次，而是帶他們去體驗與了解不同的職業，讓他們從中學到知識，然後讓他自己去做決定 —— 這才是所謂的父母為孩子規劃未來。

對於孩子來說，只要激情還在，夢想永遠都在改變。父母不妨配合他，跟他一起做做夢，這樣不僅能夠讓他張開想像的翅膀，而且還能讓他們表達對未來的美好期許。這樣也給了他一種好的心理暗示 —— 他的未來充滿希望。當孩子有了夢想，就等於種下一顆種子，這顆種子隨時都有生根發芽、開花結果的可能！

發現孩子身上的優點，給他一個精準的評價

朋友 S 是一家火鍋連鎖店的老闆，二十多個城市都有他的分店，據說每天的營業額有七位數字的收入。他懂管理，有一大批商界菁英為他的事業打拚，而他每天就是打打高爾夫球，看看他買的股票動態，日子過得很有品質。

最近他突然向我大倒苦水，原來，他上國二的女兒，突然在家裡宣布：以後不再彈鋼琴了。女兒的這個決定讓他和老婆大吃一驚。

「她從三歲時就開始學鋼琴，都學了十一年了。」他惋惜地說，「她在國內參加過各種比賽，也得過很多獎項，去年她還代表學校到美國中學表演過鋼琴演奏呢。當時，一位美國的鋼琴老師誇她很有天賦，還提出收她為徒呢。」

「她是不是因為學校的課程緊迫，怕影響課業才放棄的？」我問道。

「雖然我們不怎麼看重她的成績，但她聰明好學，學業成績一直是班上前五名。」他一臉的驕傲，「女兒就是我的小公主，當家裡有客人來，我看到女兒穿一襲白紗長裙，坐在鋼琴前，用她嫩蔥似的纖纖小手彈奏出美妙的樂曲時，那一刻，我感到自己是天下最幸福的父親！我小時候就喜歡彈琴，不瞞你說，我的初戀女友，就彈一首好琴，我還記得當年我們分手時，她

也是穿著白色的裙子，彈了一首……」

「我打斷你一下。」我看著他不無陶醉的樣子，突然就明白了他女兒放棄彈琴的原因：「你女兒放棄彈琴，是因為不喜歡。」

「怎麼可能。」他堅決否認，「當年她學琴時，我問過她的，還特地陪她挑了最貴的鋼琴，找的鋼琴老師也是她選的。為了陪她練琴，我老婆還辭掉工作做了全職媽媽。她小時候想讓我陪她學琴，我工作再忙，都會抽空陪她的。」

「但這不等於她喜歡。」我說，「別看她彈了十一年，那是因為身為孩子的她，屈服於父母權威的愛，不得不服從。當她有一天有了說『不』的實力時，就會向你說『不』。」說到這裡，我問：「她在宣布不再彈琴時，是不是說了要學別的？」

「說了。」他看起來很生氣，「她說她要學針織。針織是個什麼東東？我的女兒多高雅，多淑女，怎麼能學那個，學了那個對她有什麼用。」

「每個孩子都是獨一無二的，這不光展現在他們是獨立的個體生命上，也展現在他們獨有的特長上。」我說道，「我們要尊重他們的喜好、擅長，讓他們朝著這個方向去努力。」

「不會的。」他堅決反對，「我要想盡一切辦法，杜絕她學針織。她不學鋼琴，我能接受，但絕不能學什麼針織。我的女兒是我高雅的小公主，你見過公主做針織嗎？」

看著他堅決的神情，我無言以對。這就是我們當父母的，常常借「愛」的名義綁架孩子的「愛」，讓孩子背負我們的焦慮，完成我們未完成的期待。

每一個孩子都有他自己的特長，這些特長就像成人的愛情一樣，讓你沒有任何理由地喜歡對方。所以，做成熟的父母，就是讓孩子成為他自己，按他的節奏成長，勝過所有「愛」的語言和物質。

我們女兒小時候，我們覺得她是個女孩，就有意培養她讀書、繪畫。然而，女兒竟然喜歡木雕。後來我們就徵求她的意見，幫她報了才藝班。現在她的木雕刻得很好。

有很多望子成龍、盼女成鳳的父母，認為孩子只要能接受一項或幾項特長教育，就能在未來的競爭中脫穎而出。於是，有些父母不從孩子的愛好特長出發，而單純為了自己的補償心理要求孩子學習特長：自己沒有成功的事業，讓孩子替自己完成，強制孩子發展你喜歡的特長。但你卻忽略了一個問題，如果孩子不喜歡，他總有一天會放棄的，只不過是遲早的事情。所以，父母一定要尊重孩子自己的選擇。

兒童時期是孩子身心發展的重要時期，在發展孩子的特長時，父母只有運用科學的方法來培養他，尊重他的選擇，對他多引導、多鼓勵，才能促進孩子全面健康發展。

我上國中時，英文一直學不好，這一度成為我的心病。為了記英文單字，我著實花費了一番功夫，向班上英文成績最好

的幾位同學請教後，我認真分析了他們的學習方法，總結出兩點：一是死記硬背，這種方法較傳統，要背得滾瓜爛熟，才能達到熟能生巧；二是把單字和句子用中文記下來，在反覆讀時理解詞義，這種方法雖然有助於很快背過，但因為用中文記錄時，容易在發音上出錯。

我在左右權衡後，覺得對我這種英文成績不好的人來說，用第二種記得更快。

一段時間後，我的英文成績有了很大的進步。只是口語方面不好，看似是背英文，實際上是中文，加上我口音很重，聽起來就像說相聲一樣。當老師讓我在課堂上背英文課文時，我還沒有背完，班上已經笑聲一片，連一向嚴厲的英文老師也笑彎了腰。

我為此再次苦惱不已。父親得知我的情況後，就在國一的暑假，帶我去了表舅家，表舅是英文老師，他教的所有學生，英文成績最差的也在八十分以上。外人傳言，他教英文有「訣竅」。

表舅聽我說明來意後，他讓我背一篇英文短文。我剛背了一段，他就笑著制止了我，我以為是他不願意讓我出醜呢。沒想到他說：「你這種背法不錯，只是發音不標準，但沒有關係，你在英文下面標注中文時，可以把中文往英文發音上靠。」

我以為聽錯了，忙問：「我這樣記，也可以？」

「可以啊。」他說，「剛才你背英文時，雖然一聽就聽出你記的是中文，但非常押韻，就像短詩一樣。這說明你在學英文時，是下了功夫的。正因為下了功夫，你才能如此流暢地背了下來。我想這大概就是英文句子的美妙之處吧。其實，許多人對學英文都有一種成見，覺得很難，但只要你認真去學，就會發現，那些英文句子，像詩一樣朗朗上口。」

聽他這樣講，我心裡突然對英文油然生出一種興趣來。

他說：「學英文和學其他學科一樣，要善於用自己身上的長處。我發現你身上的長處就是善於思考，樂於嘗試，而且能堅持下來。所以，我建議你在這個假期，可以做一個嘗試，先把一篇英文短文用中文寫下來，等你背過後，你就把英文下的中文擦掉，憑著記憶看著英文背，多背幾遍，看看能不能更標準一些。」

他這樣表揚我，讓我受寵若驚。在那個假期裡，我用他的方法學英文時，不但很快就能記住，發音也標準了。

多年後，我再想起這段往事時，驚喜地發現，這與父母教育孩子有異曲同工之妙。父母要培養孩子的「特長」，也可以從他們身上的長處入手，並加以正確地引導，將其發展為「特長」。

在發掘孩子的天資時，父母除了讓他作多種多樣的嘗試外，還要注意為他們提供各種學習的條件和施展才華的機會。然後在這些過程中，觀察了解孩子喜歡做什麼，擅長做什麼，

再因地制宜、順水推舟地培養孩子發展他們的長處。相信只要你引導得正確，你的孩子一定會長成參天大樹的。

為孩子培植「文學」的土壤，讓他詩意地成長

幾年前，我去拜訪一位書法界的前輩時，被他的博學所折服，他不但書法寫得好，口才也很好，聽他講話真的是一種享受。

他說話之所以能吸引人，是因為他對唐詩宋詞、名人名句信手拈來。

他在談到讀書經歷時，說：「我現在能背上千首詩詞，這都是我五歲以前背的。」

原來，他出生於一個書香門第，曾祖父是清末的學士，爺爺和父親都是文人。三歲時，父母就教他讀詩，背三字經……

「那時一年四季，不管春夏秋冬，我都要早起，父親讀書，我在一旁跟著他學。」他笑著說，「父親小聲唸，我大聲跟著唸。吃完早飯，我再接著唸。就連玩時，也要先把當天學的詩背一遍。」

我驚訝地問：「您那麼小能懂得詩的意思嗎？再說了，多辛苦啊。這不就是填鴨式教育嗎？」

「要說辛苦，那是沒學出興趣來。」他笑著說，「我那時年齡雖小，但沒有覺得背詩枯燥啊，因為我喜歡詩。那麼押韻，那

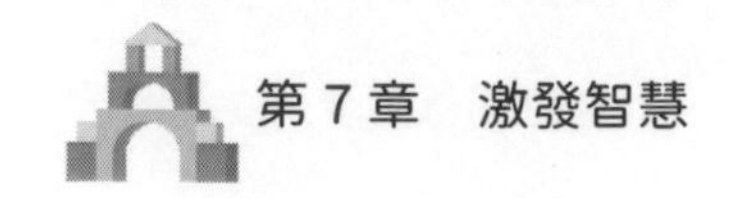

麼流暢。後來學三字經，學八股文，我都是自己要求學的。」

父親教他背古詩時，因為年紀小，他頭腦裡並沒有困難和容易的概念，在那個喜歡模仿、愛學大人說話的年紀，大人教什麼，他就學什麼。他還記得，當時父親頭一搖一晃地唸古詩時，他覺得有趣，也學著父親搖頭晃腦地唸。經常逗得家裡人哈哈大笑。

有一天早上，父親教完他背一首詩後，讓他到一邊去玩。然後，父親就小聲地讀古詩下面的注解。讓父親想不到的是，吃午飯時，他邊玩邊背父親唸過的詩的注解。

他認為，小孩學東西快，是因為他們心無雜念，即便是他們不知道所讀的句子是什麼意思，仍然會樂意去背，甚至是「機械」地背下來。

「那時也不知道累，我總是玩著玩著就又背了起來。」他說。

十歲以後，他又背了《論語》、《易經》、《菜根譚》以及老子的書。他說，自己當時腦子裡面沒有「難易」的差別，只有「多少」的差別。

他說：「在初學時，面對那些晦澀深奧的內容，確實有點不習慣，但只要照書本死記背硬，不去知道它的意思，只管熟讀背過就可以了。這種背法開始會讓人感到無趣。但是正是在這種不斷地重複，看似是浪費時間和無用功的過程，哲學的思維方法和修養已經潛移默化地進入到自己的意識中了。」

為此，他總結道，有很多的父母覺得學習古文難，背書枯燥，這其實一定程度上是作為成人的父母自己覺得難，就把自己的觀點強行加到孩子身上。其實對於小孩子來說，他的腦海裡沒有「困難」的概念，就像他剛學說話和走路一樣，只要大人引導有方，他就會跟著學。對孩子來說，背誦和玩一樣，也會成為樂趣。

書法界前輩的故事，讓我們發現，父母在對孩子進行「填鴨式」教育時，要根據孩子的年齡特點，進行有效地引導。常言說：「熟讀唐詩三百首，不會作詩也會吟。」只要父母引導有方，培養孩子的學習興趣，他就能夠在玩中學習到知識。

在社會心理學中有一個「學習理論」（Learning Theory），這個理論認為，任何一個事物，在一個人心情好的時候出現，將透過古典條件反射而與良好的心情連繫起來，從而受到喜愛。這一原理在幼兒進行學習時也同樣適用。父母若能在他學習的過程中不斷予以鼓勵，並把這樣的學習過程遊戲化、趣味化，使孩子總能體驗到一種愉悅的積極的情感，則孩子就容易傾心於這件事，並培養起興趣。

如果父母能在孩子記憶的黃金期，引導他背誦一些經典作品，可能在最初的時候看起來差別不大，但隨著他長大，你會發現，他兒時學到的這些知識會滋潤孩子的一生，在不知不覺中開出了美麗的花！

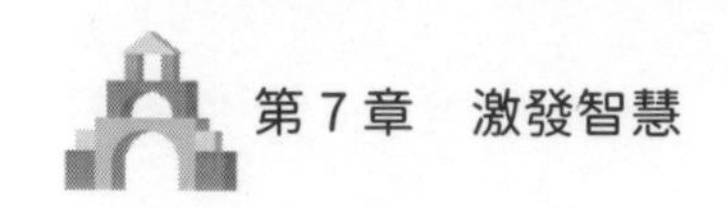

適時引導，讓孩子插上想像的翅膀

我的一位作家朋友說，想像力和創造力比知識更重要，因為想像力是新奇念頭或思想畫面的能力，想像力是創造力的源泉，是改變自然與人類的動力。

曾經有這樣一個男孩，他自幼失去母親，父親忙於工作，沒時間管教他。頑皮的他精力充沛，想像力豐富，經常變著花招耍弄周圍的人，他那惹是生非的點子，通常把被捉弄的人弄得狼狽不堪，搞得大家頭痛不已。在周圍的鄰居眼中，他成了無可救藥的壞孩子。

他 9 歲那年，父親再婚，當出身富裕頗有教養的繼母來到他家時，他心裡對繼母並沒有好感。他那想像力豐富的大腦，認定繼母跟其他人一樣會嫌棄他。於是，當繼母出現在他面前時，他腦海裡立刻想像出很多種捉弄繼母的鬼點子，並準備在第二天捉弄繼母。

令他大出意料的是，當父親指著他向繼母介紹他是令人煩透的壞孩子時，繼母微笑著來到他面前，用手輕輕地托起他的頭看了看。轉過頭對他父親說：「你說得不對，我看了，他哪裡是天底下最壞的男孩，我看他是天底下最聰明、最富有想像力的好男孩。」

繼母的一席話，像冬天裡的一抹陽光，溫暖著他的心，那

久違的感動的眼淚，悄悄地溼了他的眼角。正是繼母的這番話，讓他在心裡把繼母當作朋友；正是繼母這番話，成為激勵他的一種動力，讓他在多年後成為勵志大師。因為在繼母來之前，沒有一個人稱讚過他聰明、有想像力。他的父親和鄰居認定他就是名符其實的壞男孩，但是繼母的一句話，就改變了他的命運。

男孩 14 歲時，愛上了寫作。為了支持他，繼母用省吃儉用留下的錢，為他買了一部二手打字機，對他說：「好好寫，我相信你不久就會成為作家。」

當作家，在男孩看來，是遙不可及的夢想。但繼母說：「作家需要想像力，發揮你的想像力，大膽地去寫吧。」

在繼母的鼓勵下，他的信心一點點地建立，並開始向當地的一家報紙投稿。因為他了解繼母的熱忱，也很欣賞她的那股熱忱，他親眼看到她用她的熱忱如何改善他們的家庭。所以，有了繼母的肯定，他才有了勇氣。

來自繼母的這股力量，激發了他的想像力，激勵了他的創造力，幫助他和自己的無窮智慧發生了連繫，幾年後，他不但成為暢銷書作家，還創造了成功的 28 項黃金法則，讓數以億計的普通人走上成功和致富的光明大道。

他，就是成功學家戴爾·卡內基，美國著名的人際關係學大師，西方現代人際關係教育的奠基人，曾被譽為是 20 世紀最偉大的心靈導師和成功學大師。

孩子擁有千奇百怪的想法，對他們來說，萬事萬物都是有生命的。身為父母，要想讓孩子的想像力無窮地發揮出來，你首先就得改變自己，學會欣賞孩子的這種奇思妙想，不要吝嗇你的讚美。

幾年前，在「生命動力」課程結束後，我們帶孩子去爬山，途中，有一位七歲的小男孩，看著山路旁邊怒放的花兒和嫩綠的青草，高興得手舞足蹈：「春風，像媽媽的聲音，叫醒了睡著的花兒和小草。」

小男孩的話把大家都逗笑了。他媽媽忙糾正道：「哪裡有把春風比喻成媽媽的，應該比喻成——」

看到小朋友一臉尷尬，我連忙說：「好有創意的比喻哦，你的想像力好豐富！」

他一聽，稚嫩的小臉上掛著甜甜的笑，接著對我說：「諸葛老師，我將來要當發明家，發明一個神奇的小瓶子，把春風裝進去，等冬天來了，我把它們倒出來，叫醒花兒和小草。」

我微笑著鼓勵他：「好啊，到時你也要送我一個這樣的小瓶子。」

後來，男孩的媽媽告訴我，那次春遊後，他愛上了發明，立志要當個發明家，所以就有了各式各樣的發明靈感，自己用紙疊各式各樣的飛船、坦克、大砲等。為此，她和老公經常笑他異想天開。

我對她說，孩子的這些靈感可能是不切實際的，甚至有點荒誕，但是父母千萬不要評價他的發明點子是多麼可笑，而是要多鼓勵、欣賞他的創新，幫助他一起記錄、完善與實現各種發明設想，這樣孩子才有更大的動力與熱情保持著他的創新思維。

愛因斯坦說：想像力比知識更重要。孩子的想像力訓練需要父母的參與。孩子的想法是天真爛漫的，他的想像力是天馬行空的，但隨著年齡的增長，這種無拘無束的想像力就會日漸衰竭，所以，父母要善於引導孩子把想像力提煉為最精準的思維能力，比如，鼓勵孩子多觀察與體驗生活；包容孩子的奇思妙想；經常講童話故事給孩子聽等等。

用心陪伴，讓孩子愛上閱讀

有一年春節，我到一位朋友家做客，飯後，我們在客廳聊天時，朋友六歲的兒子調皮可愛，他頻頻地跑到客廳，不時地向我和朋友問好。後來，好動的他乾脆坐在我和朋友中間，左手托腮，認真地聽我們說話。突然，他可憐兮兮地請求我：

「叔叔，你把爸爸借我一下，好嗎？」

我一愣，一時不知道如何回答，朋友笑著向我擺擺手，然後轉過頭問兒子：「哦，這麼快就到了去故事裡旅行的時間了？」

「早就到了。」他不滿地噘起小嘴，指著牆上的掛鐘，說，「你看，都超過了五分鐘。」

「好，那我們開始吧。」朋友宣布。

「叔叔，你要不要也陪我們去故事裡旅行？」他問我。

「就是讓你陪我們一起看故事書。」朋友提醒我。

我恍然大悟，說道：「當然想去了，我也要看書。」

「太好了。我們三個大男人，可以去一個危險的地方旅行。讓媽媽一個人去找白雪公主吧。」他快樂地說著，跑回自己的房間。

等他出來時，懷裡抱了四本書，他把《魯賓遜漂流記》（*Robinson Crusoe*）和《湯姆歷險記》（*The Adventures of Tom Sawyer*）分別給了我和朋友，自己留下了《格列佛遊記》（*Gulliver's Travels*），接著，他把《白雪公主》（*Snow White and the Seven Dwarfs*）遞給了媽媽。

做完這一切後，他看著媽媽，說道：「今天，輪到媽媽喊話了。」

「讀書時間，現在開始！」朋友的老婆笑著宣布，「現在是七點十分，到八點十分結束，不管大家看了幾頁，到時要把看過的故事講出來。講不出來的，可以發揮自己的想像力來編故事。」

她說完後，我們就進入了讀書的環節。他坐在小椅子上，把書放在茶几上，低頭看書。——天啊，我第一次看到一個調皮愛笑的男孩，安安靜靜讀書的樣子，真是名符其實的安靜美男子啊！

在這一個小時的時間裡，空氣彷彿凝固一般，只有輕輕的翻書聲。

我以前看過這本《魯賓遜漂流記》了，有點擔心看不進去。但因為這種讀書氛圍太濃了，我很快就投入到書的情節中去了。

一個小時過去後，我們三個大人和一個小孩，輪流講著看過的書中的情節，還比賽誰講得精彩，最後，他因為講得好，得了一個獎——下週末父母陪他去買他喜歡的書。

看著他熟練地收拾好書回了自己房間，我感嘆道：「真想不到，他這麼小，不喜歡看動畫，卻喜歡看書。」

「這都是我們花費心思的結果啊。」朋友的老婆低聲說。

原來，一年前，這個男孩從幼稚園一回來，就守著電視機看卡通片，有時，朋友想看新聞和球賽，還要跟他說好話。

「那時，我們父子兩個經常為了搶搖控器鬧得不可開交。」朋友笑道，「其實我跟他搶電視，並不是真的想看這些節目，而是擔心他天天看電視，把眼睛看壞。沒想到，越不讓他看，他越是看得起勁。」

眼看著孩子越來越依賴電視，朋友和老婆想了一個辦法，他們覺得，與其不停地嘮叨他，不如為他做個榜樣，因為他們發現，孩子看電視的習慣，跟大人有很大關係。朋友每天晚上七點，準時開啟電視看。於是，他們決定先改變自己。

晚飯後，夫妻兩人就坐客廳裡看書，看完書後，互相講故事。起初，他在自己房間裡玩，聽父母講，也來湊熱鬧。再後來，他看到父母把書上的故事講得很生動，對書也有了興趣，就拿出自己的圖畫書來看。看完後就跟父母講。

時間長了，他們家竟養成了讀書習慣，每天晚飯後一個小時，是一家人讀書的時間。

有時候為了能和父母共同讀書、講故事，他在幼稚園也讀書，遇到不認識的字就問老師。為了鼓勵他，父母又幫他設立了讀書獎。

「不到一個月，讀書就已經成為他的習慣了。」朋友說笑著說，「對於兒子來說，做什麼都沒有讀書讓他感到快樂，現在他從幼稚園回來後，不像以前那樣一回來就開電視看動畫了，而是自己拿著書看。有時，他對書的結尾不滿意，在講故事給我們聽時，就自己編結尾。」

朋友家的故事，讓我想起一位專家的話，他說，早期閱讀對幼兒的認知，包括語言能力、想像力、邏輯思維能力、注意力等有積極的促進作用，對幼兒的非智力因素也有直接影響，

展開早期閱讀能夠塑造幼兒健康的人格。父母要想讓孩子喜歡上讀書，首先就得喜歡讀書。在日常生活中，父母可以透過親子共讀等活動，建立快樂閱讀的氛圍。

在創設自然和諧的親子閱讀氛圍時，父母根據孩子的具體情況，來不斷地設定時間，因為讓孩子安靜地坐下來看書，需要一個逐步養成習慣的過程。

耐心鼓勵，讓孩子養成寫日記的好習慣

對於孩子來說，日記是一種累積資料的過程，能夠為寫作文提供豐富的素材。他平常累積的素材越多，作文才能寫好。要想讓孩子養成每天寫日記的好習慣，需要父母對他進行合理的引導。

多年後的一個夏日黃昏，我的朋友 F 在收拾房間時，在書櫃裡看到一個發黃的本子，他打開一看，竟然是他上國小時寫的日記本，就隨手看了起來。他看著看著，突然哈哈大笑起來。

他上國小的兒子聽到他的笑聲，奇怪地問：「爸爸，你笑什麼呢？」

「我學生時代的日記。」朋友邊說邊把日記本遞給兒子，「看看吧，當年你老爸差點就成為武林高手了。」

他兒子接過來，津津有味地讀了起來。

朋友在日記中記錄的那件事情，是跟幾個同學約好去深山老林拜師學藝的往事。那時，他們在看過金庸寫的幾部武俠電視劇後，因沉迷於電視劇裡的英雄，就心血來潮，要去學藝。

那是一個週末的黃昏，他們幾個朋友帶著從家裡偷來的大餅、饅頭、鹹菜、醃肉、臭雞蛋，趁著大人們都不在家，就沿著鎮上通往外面的小路走去。

在走了不到一百公尺時，有一個夥伴就把帶的大餅吃完了，可能是害怕漫漫的尋師路上挨餓吧，這個朋友對他們說：「我們走了，爸媽不知道多著急呢，你們去吧，我留下來告訴他們你們的去處。」

雖然他們不想讓這個朋友留下，可是又想不出別的辦法，只好答應，眼睜睜地看著他走回小鎮的家。

他們走了大約兩百公尺時，又有一個朋友打退堂鼓了。這個朋友說：「我爸在外地工作，家裡就我一個男的，我要留下來保護媽媽和妹妹。」

就這樣，當他們走到離小鎮五百公尺時，四個朋友中，只剩下我這個朋友了。朋友之所以堅持著，是因為那天剛發了國文考卷，他考得很糟糕，怕被父母罵，才決意離家出走的。

眼看天色越來越晚，他漸漸地害怕起來，想轉過身去追沒走遠的朋友，又覺得不甘心，只得硬著頭皮往前走。

朋友堅持不下去了，也連忙轉身往回走，路上他哭了起

來，想到父母不知道急成什麼樣子呢。

他回到家時，看到已經吃過晚飯的父母和姐姐在聊天，就忍不住訕訕地問道：「我這麼晚沒有回家，你們不著急嗎？」

「每次你考不好了，不都是晚回家麼。我們都習慣了。」父親說道。

他聽後無語，拿起碗連忙去盛飯，發現他最愛吃的菜都沒有了，他邊吃邊在心裡發誓：「再也不能離家出走了，這也太虧了吧。」

正在為寫作文煩惱的兒子，看完後也大笑起來，接著，他兒子像想起來什麼一樣，迅速地跑回房間，把這篇小日記改了改，寫了一篇作文，題目是〈難忘的一件事〉。

寫好作文後，他兒子跑到他面前，高興地說：「爸爸，我把你小時候的事情寫到我作文中了。」

「你看，寫好作文，並不難吧？」他看著兒子興沖沖的樣子，說道，「這就是寫日記的好處，把一天中有趣的事情記下來，說不定哪一天，這些事情就成了你作文中的素材了。」

「我覺得更重要的是，當我長大後，再看小時候經歷的這些尷尬事情，竟然變成了好笑的事情，成了美好的回憶。」兒子說。從那以後，兒子就開始寫日記。

我的朋友說，讓孩子養成寫日記的習慣，需要父母根據他的性格特點，加以適當的引導，對他進行寓教於樂。孩子小時候天性活潑好動，對外界事物充滿好奇。父母可以讓他在玩樂中寫下自己想說的話，寫想像中的事物，寫出自己對周圍事物的了解和感想。起初，孩子的認知度淺薄、詞彙量少、觀察能力差、語言不夠豐富等等，此時，父母要給予足夠的耐心，把孩子寫日記的興趣作為基礎，滲透知識，教給他方法，循序漸進，培養孩子的觀察能力和寫作能力。

讓孩子喜歡寫日記，父母不能一味地強迫他們去寫，而是要採取循循善誘的方式誘導他們。等他嘗到寫日記的甜頭後，他就會愛上寫日記。

第 8 章

從良好的體驗中改正自己的錯誤

批評孩子前，父母可以先自我批評

「你這個孩子又懶又不負責任，上學是你自己的事情，你怎麼總是讓我叫啊。我昨晚忙到半夜，起床晚了沒叫你，你就不知道自己起床嗎？」

幾年前，我在地鐵上，看到一位年輕母親，這樣當眾教訓她的兒子。

「你別說了，我已經很著急了，老師說我今天再遲到，就把你們叫去學校談話。」男孩看起來十多歲的樣子，可能是母親當眾說他，讓他感到面子上過不去，頭低低地垂著。

「我不去，你犯的錯誤，憑什麼讓大人替你挨罵？你說你長這麼大，讓我操多少心。為了你，我辭了工作；為了你，我週末也不能休息，送你去培訓班。你怎麼就不能給我爭口氣呢。」她越說越氣憤，「你爸昨晚還跟我吵，說他都不敢在同事面前說你，你成績差不說，在學校還經常調皮鬧事。你們同學都住在附近，你在學校犯點什麼事，大家都知道了。上週你還跟同學——」

「我這不好那不好，你們乾脆不要我這個兒子了。」男孩被母親數落得惱羞成怒，「你們大人就沒有做過錯事嗎？」

「我小時候可不像你。」這位母親自我誇耀，「從國小起，我沒留過級，就考上了大學。我的數學經常考滿分，還是班上的

學藝股長。你爸說他小時候……」

「吹噓吧。」男孩說，「我又沒見過。」

「你看你這孩子，連你爸媽都懷疑，難道我們會騙你。你一點都沒有遺傳我們的優點，照你這樣下去，別說考上頂尖大學，連上國中都 —— 」

「我這麼沒用，還不如現在就別去上學了。」這時地鐵到了一站，男孩說完就下了車。

「你等一等，不是還沒有到站嗎？」母親說完趕忙追了出去。

他們走後。坐我旁邊的一位爺爺說：「好好一個孩子，被大人給教壞了。」

旁邊的一個中年男子回答：「都說現在的孩子難管教，身上的壞毛病多。我看問題都在大人身上。」

「是呀。你看那位母親在責罵孩子時的態度，好像她一點責任都沒有。」爺爺說，「孩子又沒有叫妳辭職帶他。說不定妳不辭職孩子會長得好好的。這樣的批評方式，不但不會讓孩子服她，反而會激起孩子的反抗心理。教育孩子，就是大人與他鬥智鬥勇。要學會藝術地批評。」

「藝術的批評？」中年男子問。

「就是在批評孩子前，先在自己身上找找原因。」爺爺說，

「我小時候就是這麼教育我的孩子的。在我看來，大人發現的孩子身上的缺點，其實就是大人身上自己的缺點，大人改好了，孩子也就改好了。」

一位童話作家在談到跟兒子發生矛盾時說，他說，凡是兒子發生的錯誤，都是由於模仿而來，身為父親，是首位的模仿對象，所以，父母先把自己改正好了，兒子自然就變好了。

他認為，每個孩子都有各自的特點，因材施教才是正確的選擇。家長和老師不能隨便說孩子某一個毛病，說之前一定要先自我檢討，嘗試學會鼓勵，鼓勵才是最好的教育方法。

也就是說，如果父母在批評孩子時，能先來一番自我批評，會讓家長和孩子的心理距離一下子拉得很近，會讓孩子更樂意接受父母的批評，還可以培養孩子勇於承擔責任、勇於自我批評的良好品格，一舉多得。

我小時候，有一段時間特別不想上學，每天起床時都拖拖拉拉，一週中遲到過四次。老師只好把我母親叫去談話。

那天放學後，我擔心回家挨罵，就編了很多種為什麼遲到的藉口，比如，晚上偷偷讀書到很晚，身體不舒服等等。

令我想不到的是，我回去後，父母並沒有像我想像中那樣批評我，一向沉默寡言又嚴厲的父親，慈愛地撫摸著我的頭，說：「孩子，你這幾天遲到，爸也有責任。」

我大吃一驚，心想，自己厭學，跟爸爸有什麼關係呢？

「爸控制不住自己，在你面前向你媽抱怨農務太累，賺不了多少錢。我想可能讓你聽到後，感到爸養家不容易，讓你分心。以後，爸不會再抱怨了，有了困難，我們就找辦法解決。」

父親的一番話，令我熱淚盈眶，我難過地說：「爸，不是這個原因。我也不知道為什麼，這幾天就是不想上學。」

「孩子，你不會無緣無故地就不想上學的。」父親說，「我小時候也逃過學，那時是因為家裡窮，我逃學是為了幫你身體不好的爺爺做農務。」

我想了想，終於找到了原因，說道：「爸，我不想上學，是因為老師這次分座位時，讓我跟班上最吵的同學同學，他一上課就跟後排的同學說話，擾亂得我聽課也分心。聽不好課，我寫的作業就不合格，被老師又是罵又是懲罰。」

父母知道這個原因後，第二天就跟老師做了溝通，我的問題很快就解決了。這樣老師上課時，會特地注意我的同學，讓那個愛說話的同學不敢再亂說話了。

那時，我好感謝父親，感謝他能在我犯錯時，沒有一味地否定我，而是坦誠地在我面前做自我批評，在他的幫助下，我意識並改正了自己的錯誤。

父母是孩子生命中的第一個老師，也是孩子成年以前在一起生活最久的親人，他所犯的錯，父母或多或少都會有一定的責任。在批評孩子之前，如果父母能先來一番自我批評，如：

這事也不全怪你，媽媽也有責任；只怪爸爸平常工作太忙，對你不夠關心等等，會讓你和孩子的心理距離一下子拉得很近，當親子之間不再有心理的距離後，會讓孩子更樂意接受你的批評。

孩子犯錯後，委婉地批評更有效

我的一位作家朋友S說，孩子難免會因一時的糊塗而犯錯，這就需要父母在批評時把握分寸：既要指出對方的錯誤，又要為孩子留面子。當孩子因一念之差犯了錯時，你最好不要當眾責罵，讓孩子下不了臺，而是要委婉地指出其錯誤，給孩子一個臺階下，讓他心甘情願地改正錯誤。

他認為，父母這樣做，既維護了孩子的面子，又能夠讓他銘記教訓。同時還能夠讓孩子對父母心存感激。為此，他講起自己小時候的一件事情。

有一年春節前夕，他跟著父母去爺爺的朋友向爺爺家。向爺爺原是公務員，退休後不久患上了眼疾，導致眼睛看不清東西。

向爺爺與S的爺爺情同兄弟，S的爺爺在世時，向爺爺每年都去S家過春節。S的爺爺過世後，父母見向爺爺年紀大了，行動不便。每年的春節，父母就帶著他陪爺爺一起過春節。

向爺爺沒有子女，對 S 特別疼愛。

S 那時國小四年級，學業成績很好。他喜歡文學，一有時間就鑽進向爺爺的書房看書。書房裡的書很多，他尤其喜歡看《紅樓夢》，幾乎是百看不厭。

向爺爺很喜歡 S，每次都會跟他討論看過的書，有時還會討論《紅樓夢》。向爺爺看他喜歡這套書，就說要送給他。他沒有答應，父母經常教育他，不可以隨便接受別人的禮物。

S 這次來向爺爺家過春節，心裡打著自己的小算盤，原來，他明年就要到都市上學了，他想把向爺爺家的這套《紅樓夢》帶走。

由於之前沒有接受向爺爺送的書，而此時他又不好意思再 d 開口要。再說了，當著父母的面，父母也不會答應的。於是，他就趁大人們不備，偷偷地來到書房，把書裝在了自己的背包裡。

事有湊巧，偏偏那天向爺爺說要跟他一起讀《紅樓夢》，讓他去書房拿。他象徵性地到書房找了找，就說找不到了。向爺爺也沒有多心，就提出看別的書。那套書等改日他有時間時再找。

父親深知向爺爺眼睛不好，找書不方便，就去書房幫忙找。書房就一個書架，向爺爺所有的書都在上面。父親一本本地拿出來找，都沒有找到。

「唉呀，你就別找了。向爺爺年紀大了，說不定記錯了。」他以為自己做得神不知鬼不覺，偷書的事情不會被發現，就在一旁勸父親。

「你向爺爺的習慣非常好，不會把書放到其他地方的。」父親正色道，「再說了，他視力不好，我們找不到，他更找不到了。」

「難道這書自己長了腿？」他故意在旁邊說著風涼話。

父親看了看他，說：「有可能吧。我這就順著書留下的腳印去找。」

雖然父親說著無心，但他聽了，卻有點驚慌。

這時，母親做好了午飯，過來叫他們一起去吃。

「你這孩子，我們又不走呢，幹嘛總背著個書包啊。」母親笑他，「快放下，到餐廳去吃飯，向爺爺在那裡等你半天了。」

他心裡有鬼，尋找著各種藉口不肯放下背上的書包。母親有些不耐煩，說道：「你這包裡到底有什麼寶貝，怕別人偷走啊。」

他的心一沉，為了證明自己的清白，他故意把包放在書房的櫃子裡，並且又拉上櫃門，說：「好，我放下。」

父親看了他的背包一眼，似乎明白了什麼。吃飯時，父親不動聲色地看著他，問道：「你快過生日了，我已經為你準備了

生日禮物。要不要我提前送給你？」

他心想，父親真會開玩笑，自己的生日在九月，還早呢，現在要什麼生日禮物啊。但他到底是個沉不住氣的孩子，矜持了一會兒後，他就問：「我當然想知道了，是什麼呀？」

「一套精裝的《紅樓夢》。」父親漫不經心地說，「我知道你喜歡這套書，上個月出差，我就順便給你買回來了。」

「你還花那錢做什麼，我那套送他就得了。」向爺爺不明真相，說道。

「叔叔，像這樣的名著，您又喜歡，家裡應該珍藏一套留作紀念。」父親笑著說，又看看 S，問，「你到底要不要？」

他心裡多高興。但是很快他就想到了自己偷的向爺爺的書。正不知作何回答時，父親用商量的口吻說：「你考慮一下吧，你是要向爺爺送的書，還是要一套新的？隨你選。如果你喜歡向爺爺這套，這次就帶走，我再把新買的那套送給向爺爺。你看這樣好嗎？」

他立刻就明白了父親話中的弦外之音，連忙說：「你都買了，我還讓向爺爺送書做什麼，多麻煩。」

吃過午飯後，他趁大家不注意，跑到書房，從包裡拿出書，捧在手中，然後跑到客廳，對向爺爺說：「爺爺，您這套《紅樓夢》就跟我有緣，剛才我爸找半天沒找到，我進去一找就找到了。您猜我是在哪裡找到的？」

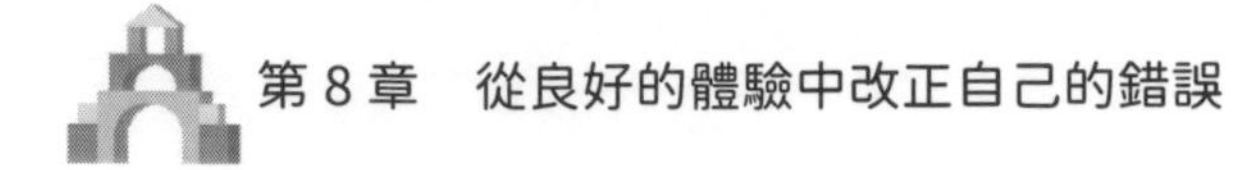

見向爺爺搖頭，他故作誇張地說：「就在書桌的抽屜裡。」

「怎麼會跑到抽屜裡呢？」向爺爺自言自語，「你們走後我就沒有看過，更沒往抽屜裡放過書啊。」

「是 S 記性不好。我記得我們上次來時，我見他看過後好像放在抽屜裡了。」父親笑著為他圓場。

聽了父親的話，他對父親會意地一笑，說道：「爸爸，還是你記性好，你一提，我倒想起來了。」

孩子犯錯時，父母委婉地批評他，效果更好。我這裡說的委婉，是指父母要學會巧妙地用「弦外之音」來暗示他犯下的錯處，使他產生一種壓力。但也不能太過分，對他的錯誤點到為止就可以了。父母這麼做，是為了讓他明白自己犯錯後，停止犯錯，以終止犯錯的行為。

我在平常經常會看到這樣的狀況：孩子犯錯後，父母批評孩子時言辭激烈，把孩子的缺點和錯誤無限放大，導致的後果是孩子在和父母發生劇烈的衝突矛盾，親子之間產生嚴重的對立情緒。父母暴跳如雷，孩子拒絕認錯，嚴重時甚至出現孩子離家出走或者激憤傷人的不良事件。讓父母後悔終生。所以，在批評孩子的時候，父母一定要控制住自己的情緒，盡量做到委婉地批評。

當父母含蓄委婉地教育孩子時，往往會收到意想不到的效果：

世界著名童話大師安徒生的母親，是一位質樸、善良、吃苦耐勞的人，同時也是一位教育孩子的高手。

安徒生的母親平常喜歡看童話。當孩子犯錯後，她很少像別的父母那樣直接批評，也不用過多的說教，而是用她看過的寓言故事來暗示他。

有一段時間，安徒生迷上了當演員。他母親卻不同意，但又說服不了他，就向他講了一個寓言故事：

驢子聽見蟬唱歌，被美妙動聽的歌聲所打動，自己也想能發出同樣悅耳動聽的聲音，便羨慕地問蟬吃些什麼，才能發出如此美妙的聲音來。蟬答道：「吃露水。」驢子便也只吃露水，沒多久就餓死了。

安徒生從這個故事中理解了母親的用意。他不再執意當演員，而是離開家鄉，去追尋屬於自己的夢，並最終實現了自己的夢想。

我們從安徒生母親教育孩子的故事中，可以發現，父母在面對犯錯的孩子時，要想讓他聽你的勸告，就得換一種委婉的方式來暗示他、叫醒他。

父母不要擔心孩子不明白你的用意。孩子比我們大人聰明得多。特別是當他們冷靜下來時，會認真地反省。

健康面對「青春期戀愛」的孩子背後，都有一對幽默的父母

幾年來，我每天都會收到來自全國各地的讀者來信，他們大部分是家長，信的內容也是關於孩子的故事。

有一位家長，在信中向我講起令他頭痛不已的事情。

他的兒子今年上高二，學業成績不錯，平常也經常與他們溝通，但最近他無意中發現，兒子上網時開始看一些黃色網站。

有一次，他去兒子房間找東西時，或許是兒子太入迷了，沒有聽到他的腳步聲，他不經意中抬頭一看，兒子電腦螢幕上，有一個裸體美女在做著不雅動作。當時他震驚不已，但他沒有驚動兒子，而是悄悄地退了出來。

他沒有點破兒子，是因為他覺得兒子能開著門看這些黃色圖片，一是可能是不經意間點開了一個黃色網站，一時無法關掉；二是兒子即使真的在看這些圖片，也處於好奇、了解階段，並沒有沉迷進去，否則，兒子就不會開著他的房門了。

他在信中說：「事情已經過去一個月了，我和老婆仍然不知道如何向孩子談及此事。想請你幫我想個辦法。」

我在回信中對他說：「你當時沒有打擾他，這種做法很對。身為父母，處理這種事情，一定要冷靜，要正面對待，開誠布公。充分信任他，並和孩子保持心靈上的一致。告訴他：我們

並沒有為他無意間看了成人網頁而生氣。因為爸媽也是從你這個年齡層過來的，那時對性也有過同樣的好奇心，這是很正常的一種生理現象，不必為此懷有罪惡感。父母的坦誠能讓孩子向父母開啟自己的心扉，從而與父母進行良好的溝通。」

對於青春期的孩子來說，他們剛看到那些網頁時會感到既害怕，又害羞，甚至還會有點不舒服。他們深知這種事情並非好事，但又覺得很神祕，不知道也不敢和父母談論，時間長了，就會有沉重的心理負擔。如果此時，父母能夠和孩子坦誠地溝通，讓孩子明白性和愛是密不可分的。這樣能夠解除孩子的心理負擔，更容易了解孩子的內心世界。同時還能讓孩子了解網路的危險性。

除此以外，父母在指出孩子這方面的錯誤時，若不懂得利用幽默元素，不但沒有說服力，反而會讓孩子覺得你不近人情。而幽默的語言往往能讓你收到意想不到的效果，就像飛在春光裡的鳥兒的鳥鳴一樣，鳥鳴過後，被驚醒的你，卻會驚訝於春景的美麗……

在這方面，我的同事N就做得不錯。

N的女兒十六歲，有一段時間她沉迷網路，並且陷入網戀，原本快樂陽光的女孩子，每天恍恍惚惚的。起初，N和老公以為她病了，想找她談談，她總是找藉口拒絕。

有一天晚上，女兒去洗澡時，手機放在了客廳。她在看電視時，聽到女兒手機訊息的提示音。她對女兒一直很尊重，從來不會偷看她的手機簡訊、聊天紀錄等。但這一次，她有點坐不住了。在不到五分鐘的時間裡，女兒的手機幾乎要爆炸了。

她心裡告訴自己不要胡思亂想，手都碰到了女兒的手機，最終，她的手縮了回來。她要尊重女兒。

女兒洗好澡出來後，手機仍然響著。她指著手機對女兒說：「你的手機響半天了，快看看訊息吧。」

女兒有點不相信地看看她，開玩笑地問：「媽，你怎麼不幫我看看啊。」

「我們不是有約定嗎？不經你的同意，我是不會看你的手機的。」

「怕什麼，我又不知道。」女兒故意說。

「這不是知道不知道的事情，而是要對得起你的信任。」她認真地說，「我可不想讓我和女兒之間出現信任危機。」

女兒的臉上，幾天來第一次出現笑容，她親暱地坐在她旁邊，說：「媽，你真好。我愛你。」

她笑了笑，說：「別說了，快看訊息吧，萬一你的朋友找你有急事呢。」

女兒打開訊息看了看，臉上笑成了一朵花，接著把手機丟在一邊，說：「無聊。」

她沒有說話，直覺告訴她，這些訊息來自同一個人，而且還是異性。

「媽，你——」女兒欲言又止。

「你想說什麼？」她把電視關掉，笑著說，「今天爸爸加班，我們母女可以聊點女人的私房話。」

「太好了。」女兒說道，興奮的小臉通紅，「媽，我問一個不會讓爸爸知道的問題，你可以拒絕回答。」

她點點頭。女兒小聲問：「你跟我爸結婚前，談過戀愛嗎？」

「當然談過了，想當年，你媽可是受很多男孩愛慕的才女啊。」她猜到女兒接下來要問什麼了，說道，「不過，我是上大二時才談戀愛的。」

「那人比爸爸好嗎？」果然，女兒對她的這個話題很感興趣。

「這個，沒有什麼好比。」她說，「在我那時的年紀，我喜歡他，按現在網路上的說法就是，喜歡得不要不要的。」

「哈哈——」女兒笑起來，有點曖昧地問，「那你們，是不是一起睡覺了？」

「是的。」她淡淡地回答，「那種感覺並沒有想像中的好。」

「為什麼？」女兒有些吃驚。

「你想啊，那時我們還沒有工作，沒有收入，連最起碼的個人生計都無法解脫，既無法為自己負責，更無法為對方負責。而且，我們在就業方面還存在著分歧，讓我們經常爭吵。」她說，「說實話，我們只是兩個彼此喜歡的成年人，感情很真，但沒有愛情的成分。在那種情況下，讓肉體勉強的結合在一起，只是為了滿足生理需求，能有什麼美妙的感覺。」

「哦。媽，你說在什麼情況下，男女結合才好呢？」女兒輕輕地問。

「這需要成熟的愛情。」她平靜地說，「就像我和你爸爸，我們認識的時候，雙方的感情、經濟、精神都是獨立的，在這種情況下，兩個人在一起就是為了愛情。這也就是所謂的，在對的時刻，遇到對的人。這是兩個人在一起，是純粹的喜歡和愛，是真正的靈與肉的結合，可以說是自然而然、水道渠成的。這種健康的性愛才是美妙的。」

女兒默默地聽著，過了好長時間才說：「我明白了，真正的愛情是兩個獨立的生命個體的結合，雙方也可以海誓山盟，但不會用尋死覓活的方式威脅對方。說明白一點就是克制，是真正為對方著想，希望對方過得更好，哪怕對方離開自己也不會詛咒報復他（她）。」

「非常對。」她笑著說，「我女兒悟性很好啊。」

此次談話後，她感到女兒在悄悄地發生著變化，不再像以

前那樣愛上網了，她彷彿又看到了當初那個活潑可愛的女兒。

當孩子有了青春期戀愛的傾向時，父母要做的不是「活生生地拆散」他們，這樣非但達不到讓他們終止青春期戀愛的目的，反而會使孩子越陷越深。所以，父母明智的作法是讓孩子明白：真正的性愛不是齷齪的，也沒有罪惡性。它是真實愛情的產物。由於有愛，愛情才變得很美好，很自然。只有這樣的愛情和性愛才能帶來愉悅、幸福。美好的愛情還需要是平等，互相尊重的關係，並需以關心和責任為扶持，以欣賞和吸引為指路。

用巧妙地暗示，激起孩子的內疚心理

「諸葛老師，我現在一看到兒子，心裡就發慌。他是天天犯錯，時時犯錯，犯了錯還不讓大人說，一說就頂嘴，他媽媽是大嗓門，每次母子吵架，整棟樓都能聽到。看到他那張狂的樣子，有時我真想動手打他。我知道，就算打了他，下次他照樣會犯錯，照樣不聽，照樣跟我們大聲吵。」

有位當了父親的學員愁眉不展地對我說。

我說：「對待犯錯的孩子，父母盡量不要大聲地指責他。」

「孩子犯錯不說他，他能改嗎？」這位父親不解地問，「如果不說他，他還以為自己做得對呢。」

「我的意思是，不用大聲地衝他嚷嚷。」我解釋道，「這是因為，孩子犯錯後，本來就心虛，或許也意識到自己犯錯是不對的，說不定心裡還有點內疚。這時，父母的厲聲指責，會讓他把這種情緒轉移到與大人爭吵中，進而淡化自己的錯誤。時間長了，他再犯錯時，第一感覺不是先反思自己錯了，而是想著如何對付來自父母的指責。」

「老師，你說得有道理。」這位父親說，「我兒子每次犯錯，他媽媽說他時，他說的最多的一句話是，『本來我犯錯了，心情不好，但你們這樣一吵，我倒覺得我的錯不叫錯了』。」說到這裡，他停頓了一下，問：「可如果不說他，他怎麼改呢？」

我說：「巧妙地暗示他啊。在家庭教育中，聰明的父母對於孩子犯的錯誤，都不會大喊大叫。而是用一些巧妙的暗示法，來激起孩子的內疚心理，讓他悄悄地改掉。」

暗示，是無聲的教育。孩子年紀小，犯錯是難免的，父母對他巧妙地暗示，能達到「潤物細無聲」效果。

我的女兒小時候有一個毛病，每次家裡來了客人或是鄰居，她都會向我們提要求。這些要求都是平常我們拒絕她的。比如，向我們要錢，要去樓下福利社買零食；要我們拿糖給她吃……

她小時候很瘦，牙齒也不好，所以，我和老婆為了讓她好好吃飯，就規定了，每天要吃多少零食或甜食。若家裡沒人來時，她很守時。

一開始，我們當著客人和鄰居的面，不好意思拒絕她，就

會順著她，滿足她的要求。等鄰居走後，我們會耐心地告訴她，下次不能再在客人前向大人提要求了，如果不聽，就停掉她一週的零食。她聽後連連點頭，答應下次不會再要了。

可是，等下次家裡再來客人時，她不但不改，反而得寸進尺。我決定想一個辦法。

有一次，我的幾位同學來家裡做客，她比前幾次還張狂。我和同學坐在客廳說話時，她跑過來：

「爸爸，你給我一塊錢，我要買棒棒糖吃。」

我沒有說話，而是猛地皺起了眉頭。她看到後，悄悄地離開了。

人的表情能傳達多種訊息，比如肯定、可以、不能、不該等等，使暗示對象做出反應。父母在暗示孩子的錯誤時，有時候表情比語言表現得更為明確，更能讓他心領神會。

女兒上高中後，她就不再讓我們接送了。為了方便跟她聯絡，我們買了一部手機給她，一到學校就叫她交給老師，放學後再去老師那裡領手機。

我們規定她每天玩手機不能超過一個小時，超過十分鐘以內，就在第二天玩手機的時間裡扣除，超過二十分鐘以後，第二天就不能玩，如果背著大人偷偷地玩，被發現後就收回她的手機。當然，我和老婆在家裡也是說到做到，不會玩起手機來沒完沒了。

為了引起女兒的重視，我們特地規定：家裡的成員互相監督。

可能是剛有了手機，她感到很新鮮，那段時間，她沉迷手機，比她對電腦還痴迷。

有一次吃晚飯時，老婆去她房間叫他，因為她忙著玩手機，就只是簡單地「嗯」一聲，並沒有出來吃飯。眼看飯菜快涼了，老婆非常生氣，走過去大聲訓斥她：「你這孩子怎麼回事，玩起手機來連飯也不吃？你再這樣下去，就變成『手機控』了，我就讓妳爸沒收妳的手機。」

女兒不服氣地反駁說：「媽媽妳有沒有搞錯，我玩手機又沒有觸犯你們定的規定，憑什麼收回我的手機？」

老婆正要接著教訓她時，我連忙過去圓場。等老婆離開後，我微笑著走到女兒身邊，輕聲說：「女兒，該醒醒了，『手機控』可當不得啊，」接著我學她的口氣說，「『爸爸，你被手機控制了，我們這些家人該怎麼辦啊』。」

她聽後笑了起來，立刻關掉了手機

為什麼她這麼聽話呢？原來，幾年前，她向我講起她在網上看到的一些被手機「控制」的關於低頭族的新聞，那些人把手機當成生活的全部，似乎沒有手機就不能正常生活了。她說：

「爸爸，你知道嗎？網上說了，現在跟很多朋友一起吃飯時，還要不停地傳訊息、語音、自拍，回到家裡不是躺在沙發

上看手機，就是躺在床上看手機。百年前人們躺著吸鴉片，百年後人們躺著玩手機，人們可以沒時間親子互動，沒時間盡孝，但有大把的時間捧著手機傻笑。」

記得當時她還特地用傷心的語調囑咐我：「爸，你可不能當手機控，到時你被手機控制了，我們這些家人該怎麼辦啊。」

我當時笑著說：「手機是為我們人服務的，若一個人連手機都控制不了，如何控制自己的人生啊。」

後來，我在送給她手機時，也特地把她講的這番話重複了一遍。她發誓說：「爸，您放心，我是絕不會被手機控制的，因為我要控制自己的人生。」

現在她聽我提起這件事，很快領悟了我的意思，乖乖地跟著我來到餐桌前。

巧妙暗示孩子的錯誤，就是不用言語直接表態，而是採取一種迂迴的方法，用講故事、打比方、作比較等方法把自己的觀點巧妙的「點」出來，讓孩子心領神會，在一種柔和的氣氛中接受教育。

其實，孩子比大人還聰明，還懂得經營與親人的關係，不過，因為他們年紀小，這需要大人對他們提示。父母要多和孩子進行交流，多跟他有小祕密，這樣會讓你在他犯錯時，更便於你巧妙地暗示他。

所以，父母在教育孩子時，要學會巧妙地暗示他們的錯誤，激起他的內疚心理，讓他在你巧妙的暗示中心懷愧疚，自動改正自己的錯誤。

旁敲側擊的批評，不會傷害孩子的自尊

我有一位朋友，從事兒童心理學研究多年，她說，越小的孩子，越有自尊心。而且他們的自尊心還很脆弱。所以，當小孩子犯錯時，父母可以採用迂迴婉轉、旁敲側擊的批評方式，這樣能夠在不傷他自尊心的情況下，讓他意識到問題所在，同時願意配合你改掉自己的錯誤。

她的女兒三歲時，每次吃飯時都要讓保母追著餵。有時保母追得不耐煩了，就會喝斥女兒幾句，女兒非但不改，反而更起勁了，有時索性不再吃飯。

有一次，女兒的保母因事請了假，她只好代勞，晚上餵飯時，女兒又開始滿世界跑了。她沒有像保母那樣訓斥女兒。而是坐在餐桌旁，把女兒叫過來。

「妞妞，過來，媽媽有件事想不明白，想問問妳。」她故意裝出一副「請教」的樣子來。

上幼稚園的女兒，最近喜歡玩的遊戲是「當老師」，她正好借這個機會跟女兒打好關係。

果然，女兒喜孜孜地跑過來，依偎在她懷裡，仰起小臉：

「媽媽，什麼事？」

「我知道我的妞妞很懂事，總說媽媽辛苦，你是不是想快點長大幫媽媽做事情啊？」她笑著問她。

「嗯，想啊。」妞妞笑得一臉燦爛。

「妳想長得像誰一樣高呢？」她又問。

「嗯——」妞妞回頭看看客廳裡的爸爸，又看看她，「想長得和爸爸媽媽一樣高。」

「那妞妞知道怎麼樣才會長高嗎？」她接著問。

妞妞想了想，搖了搖頭。

「那我問妳」她接著說，「平常吃飯時，爸爸媽媽和你，誰吃得多？」

「爸爸媽媽比妞妞吃得多。」妞妞脫口而出。

「所以，要想長高，就得像爸爸媽媽一樣多吃飯。對不對？」她趁機說道。

「對。」妞妞不由自主地入了她的「圈套」。

「那媽媽吃飯時是怎麼做的呢？」她趁熱打鐵。

「媽媽坐椅子上，大口大口地吃。」妞妞一邊回答一邊離開她，順勢坐回旁邊的椅子上去了。

「我的妞妞真棒！」她向女兒豎起大拇指，「坐姿跟媽媽一樣。來，準備好，吃飯——開始。」她說著把碗放女兒面前，女兒盛了一小口吃了起來。

「這一口飯下去，我們妞妞就會長高一點。」她鼓勵道。

「媽媽，我要大口吃。」妞妞嚥下一口飯，說道，「吃得多會快快長高。」

她笑著說道：「妞妞做得真好，來，我們大口吃。」她剛說完，妞妞就盛了滿滿一口飯吃了起來。

每個孩子像那幼苗一樣，十分脆弱，稍有一點風吹草動，都有可能傷到他們。即便犯的錯很小，也不希望被大人看穿，更不想被大人直白地指出來，讓自己難堪。所以，父母在批評他時，不能只是簡單地督促或者強制地命令他改掉，這樣只會激起孩子的反抗心理，而是要控制自己的情緒，對他循循善誘。有時不妨裝傻充愣一些，旁敲側擊或是委婉地提醒，引導孩子自己去思考，去改正錯誤。

我的同事 K，是高中的國文老師，非常幽默。他的兒子上國二後，有一段時間迷上了網路聊天，耽誤了課業，有時連作業也不按時完成。老師多次提醒無效後，告訴了 K。

K 深知處在青春期的兒子的脾氣，是很難聽進去父母的話的，要想辦法換一種批評方式。經過一番考慮，他想出了一個辦法。

那天兒子放學回家後，他看到兒子連書包都沒有放下，就準備打開手機聊天了。他沒有直截了當地批評兒子，而是走過

去，對兒子說：「我借用你一點時間，聽完我的夢。這個夢裡可有你啊。」

聽說爸爸的夢裡有自己，兒子來了興趣，就放下了手機。他趁機說道：「我夢到我們父子兩個被關進一個房間裡，有個人問我是想當男的還是女的？我回答說是想當女的。那個人問我為什麼想當女的。我說當女的有很多優勢，比如，她們跟男的做同樣一件事，做得好了，人家就誇她是女中豪傑；做得不好了，人們也不會在乎，還說一個女的做到這程度已經不錯了。而要是換作男的，贏了也沒人說他是男中豪傑，是應該的。而要是輸了，就說他是大草包。當男的太得不償失了。那人笑了笑，又問你。」

兒子笑著說道：「我當然會選擇做男人了，做男人多好啊！」

他點點頭，說：「對，你在我夢裡的回答也是做男人。你說希望做一個有擔當、說到做到的男人。今天我要表揚你，為什麼？因為你沒有選擇當女的，是因為你有自信，有意志力，不輕言放棄，敢說敢當。我今天聽你們老師說，你還向老師保證，以後一到學校就把手機交給老師。所以，我既要為你在夢中做出的決定而驕傲，也要為現實中的你的果斷做法而驕傲！相信你會做到的！」

「我能夠做到。」兒子又一次快活地笑了，「我明天還要向老

師保證，下週一晨考，我的數學要考班上前十名。」

K 不愧為教育工作者，表面上談的是自己做的夢，實際上是糖衣砲彈，意在點醒因玩手機而荒廢學業的兒子，讓兒子中了「彈」後還覺得甜蜜。

蒙田（Michel de Montaigne）說：「交談比生活中任何其他舉動更為美妙。」意思是說，要想讓交談真正變得美妙，必須掌握對方的心理，父母教育孩子也是同樣的道理，面對孩子所犯的錯誤，父母在提醒孩子的錯誤時，旁敲側擊地暗示他，更能造成振聾發聵的效果。俗話說，彎曲的弓射出的箭更有力。旁敲側擊，會讓批評包上糖果的外衣，將帶給我們「驀然回首」的驚喜。

附錄一

戒子規

夫君子之行，靜以修身，儉以養德。非淡泊無以明志，非寧靜無以致遠。夫學須靜也，才須學也。非學無以廣才，非志無以成學。淫慢則不能勵精，險躁則不能冶性。年與時馳，意與日去，遂成枯落，多不接世。悲守窮廬，將復何及！

作者：諸葛亮

附錄一

附錄二

朱子家訓

黎明即起，灑掃庭除，要內外整潔。既昏便息，關鎖門戶，必親自檢點。一粥一飯，當思來處不易。半絲半縷，恆念物力維艱。宜未雨而綢繆，毋臨渴而掘井。自奉必須儉約，宴客切勿留連。器具質而潔，瓦缶勝金玉。飲食約而精，園蔬愈珍饈。勿營華屋，勿謀良田。三姑六婆，實淫盜之媒。婢美妾嬌，非閨房之福。奴僕勿用俊美，妻妾切忌豔妝。祖宗雖遠，祭祀不可不誠。子孫雖愚，經書不可不讀。居身務期質樸，教子要有義方。勿貪意外之財，勿飲過量之酒。與肩挑貿易，毋占便宜。見貧苦親鄰，須加溫恤。刻薄成家，理無久享。倫常乖舛，立見消亡。兄弟叔姪，須分多潤寡。長幼內外，宜法肅辭嚴。聽婦言，乖骨肉，豈是丈夫。重貲財，薄父母，不成人子。嫁女擇佳婿，毋索重聘；娶媳求淑女，毋計厚奩。見富貴而生諂容者，最可恥；遇貧窮而作驕態者，賤莫甚。居家誡爭訟，訟則終凶；處世誡多言，言多必失。毋恃勢力而凌逼孤寡；毋貪口腹而恣殺牲禽。乖僻自是，悔誤必多；頹惰自甘，家道難成。狎暱惡少，久必受其累。屈志老成，急則可相倚。輕聽發言，安知非人之譖愬，當忍耐三思。因事相爭，焉知非我之

附錄二

不是，須平心再想。施惠勿念，受恩莫忘。凡事當留餘地，得意不宜再往。人有喜慶，不可生妒忌心。人有禍患，不可生喜幸心。善欲人見，不是真善。惡恐人知，便是大惡。見色而起淫心，報在妻女。匿怨而用暗箭，禍延子孫。家門和順，雖饔飧不繼，亦有餘歡。國課早完，即囊橐無餘，自得至樂。讀書志在聖賢，非徒科第。為官心存君國，豈計身家。守分安命，順時聽天。為人若此，庶乎近焉。

作者：［清］朱柏廬

電子書購買

爽讀 APP

國家圖書館出版品預行編目資料

與孩子一起經營的家庭關係，從心創造一個幸福美滿家庭：深度的心靈對談，做一個傾聽者，加深與孩子的連結 / 諸葛玉堂 著 . -- 第一版 . -- 臺北市 : 崧燁文化事業有限公司 , 2024.04
面； 公分
POD 版
ISBN 978-626-394-113-7(平裝)
1.CST: 家庭教育 2.CST: 親子溝通 3.CST: 親子關係
528.2 113002844

與孩子一起經營的家庭關係，從心創造一個幸福美滿家庭：深度的心靈對談，做一個傾聽者，加深與孩子的連結

臉書

作　　者：諸葛玉堂
發 行 人：黃振庭
出 版 者：崧燁文化事業有限公司
發 行 者：崧燁文化事業有限公司
E-mail：sonbookservice@gmail.com
粉 絲 頁：https://www.facebook.com/sonbookss/
網　　址：https://sonbook.net/
地　　址：台北市中正區重慶南路一段六十一號八樓 815 室
Rm. 815, 8F., No.61, Sec. 1, Chongqing S. Rd., Zhongzheng Dist., Taipei City 100, Taiwan
電　　話：(02) 2370-3310　　**傳　　真**：(02) 2388-1990
印　　刷：京峯數位服務有限公司
律師顧問：廣華律師事務所 張珮琦律師

定　　價： 375 元
發行日期： 2024 年 04 月第一版
◎本書以 POD 印製
Design Assets from Freepik.com